JN059959

教育エクレ

タブレットでふれあうエンカウンター

大友秀人
瀬尾尚隆
吉田ゆかり
伊藤友彦
［編著］

図書文化

まえがき

　本書では，1人1台端末の活用が始まった小中高の教室で，タブレット型端末（以下，タブレット）を活用して構成的グループエンカウンター（以下，SGE）を行い，子どもたちの人間関係を育む方法を紹介します。

　本書のねらいは三つあります。一つは，タブレットを教科学習だけでなく子どもたちの人間関係づくりにも積極的に活用すること。二つ目は，SGEのエクササイズを通じて，教師と子どもがタブレットの操作を無理なく身につけること。そして三つ目は，これらの体験を，主体的・対話的・協働的な学びの土台としていくことです。

　昨今の新型コロナウイルス感染症の蔓延で，私たちは，「人とのふれあい」が制限されるという問題に直面しました。学校においても，さまざまな行事や活動が制限され，子どもたちの人間関係づくり，人間的成長の機会をいかに確保していくかが大きな課題となっています。「物理的なふれあい」は制限されても，「精神的なふれあい」まで制限する必要はありません。「ふれあい」には無限大の可能性があります。「ふれあい」が人を癒し，人を育てるのです。SGEを國分康孝先生に学び，心の「ふれあい」こそが教育の原点であることを実感してきた私たちは，この問題提起の必要性を早くから感じてきました。

　そこで全国的にコロナによる一斉休校に直面していた2020年5月には，北海道教育カウンセラー協会で「コロナウイルス予防ワーキンググループ」（CVPWG）を立ち上げ，それまで行っていた活動をオンライン（Zoom）に切り替えました。そして，休校時でも行える「オンラインSGE（人間関係づくり）」の研究に挑戦し，全国の仲間を励ましながら，冊子刊行や動画配信などの活動に取り組み，その成果を随時ホームページにアップしてきました（34ページ）。

　さらに本書では，学校において教育のICT化が急加速するなか，「教室で」「1人1台端末で」できるエンカウンター（人間関係づくり）に取り組みました。会代表の大友秀人，事務局長の吉田ゆかり，ワーキンググループの座長の瀬尾尚隆，事務局長の伊藤友彦の4人が編著者となり，北海道と青森の協会の仲間にも手伝ってもらい，急遽発刊することができました。

本書の背景にあるのは文部科学省が提唱する「GIGA スクール構想」です。当初は2023年度末を目標に「1人1台端末」の実現がめざされていましたが，コロナ禍の一斉休校などでオンライン授業への注目が高まり，2021年3月末までの前倒し実施となりました。

　GIGA スクール構想について文部科学省は以下のように述べています（2019年12月）。「1人1台端末と，高速大容量の通信ネットワークを一体的に整備することで，特別な支援を必要とする子供を含め，多様な子供たちを誰一人取り残すことなく，公正に個別最適化され，資質・能力が一層確実に育成できる ICT 教育環境を実現する」。

　GIGA スクール構想の GIGA（ギガ）とは，"Global and Innovation Gateway for All"（すべての人にグローバルで革新的な入り口を）です。目的はイノベーション（革新・刷新），つまり「教育の改革」であり，1人1台端末を活用して，新しい学びへの転換をいかに図るかが大事なポイントです。これは，新しい指導要領で，個別の知識や技能の習得に加え，子ども自身が学習の主体となり，学び合いや他者との協働のなかで，思考力・判断力・表現力や，学びに向かう力・人間性を身につけていくことが強く求められていることとも合致します。

　グローバル化が進む現在，子どもたちが能動的に学んでいくためには，ICT は一つの手段として避けて通ることはできません。ICT を使って，より多くの人や情報とつながりながら主体的な学びを実現できる力を育成することを，本書を契機に今後もアシストしていきたいと考えます。

　本シリーズ（教育エクレ）では，いま，教育現場で先生方が抱えている問題に対して，教育カウンセリングやガイダンスカウンセリングの知見から，真に「役に立つ」考え方やスキルをタイムリーに提供することをめざしています。この GIGA スクール構想（教育改革）をチャンスととらえていただき，日々の教育実践に本書がお役に立てれば幸いです。

　　2021年8月吉日
　　　　　　NPO 日本教育カウンセラー協会副会長 , 北海商科大学教授

　　　　　　大友秀人

| 目次 | タブレットでふれあうエンカウンター |

第1章 タブレットの活用で SGE をどう展開するか

1 1人1台端末導入で変わる授業とコミュニケーションの質 16

2 構成的グループエンカウンター実施の基本手順 18

3 本書で扱うタブレットの基本操作 28

4 タブレットに慣れてきたら 32

3 ICT を活用した SGE エクササイズ

学級開き

他者とのふれあい・自分とのふれあい

生き方・進路

年度終わり

タブレットでふれあうエンカウンター　Q & A …… 108

"タブレットでふれあうエンカ

○ 子どもたちに**ふれあいの場所と時間の保障**を!

　新型コロナウイルス感染症の世界的な流行，地震，台風や大雨による水害……自然の厳しさに直面したとき，私たち人間は共に助け合い，支え合い，癒し合いながら，局面を乗り越えてきました。

　例えば感染症の蔓延で休校になったとき，「いまは友達と会えなくても私は一人ではない。分かち合える仲間がいる」── 子どもたち一人一人がこう思うことができれば，目前の困難を乗り越えていけるでしょう。その場限りのことではありません。「人と分かち合える」という思いが体験を通して確たるものになれば，社会に適応できる人間関係力を身につけることができます。これは，この先の人生で困難に出合ったときでも乗り越えていける力を身につけられるということでもあります。

　そのためには，日ごろから子ども同士，教師と子どものふれあいが大切です。この不安な時代にあって人間同士のふれあいの場所と時間を子どもたちに保障するのは，私たち教師の務めではないでしょうか。

○ **SGEの本質**とは

　いまこそ構成的グループエンカウンター（以下，SGE）の出番です。ではSGEとは何か。國分康孝先生はその本質についてこう語っています。

> あるがままの自分に気づき，それを他者にオープンにする。
> それを受けて他者も自分の内界をオープンにする。
> そしてお互いの世界を共有する。
> この心的状況を「ふれあい」または「エンカウンター」という。
> このエンカウンター体験が自他発見をさらに促進する。
> この促進のプロセスが「生き方探究」になる。
> これがSGEを40数年にわたり，実施・観察・研究してきたとりあえずの結論である。

『構成的グループエンカウンターの理論と方法』（図書文化社，2018）

ウンター "

ICTを上手に活用し主体的・対話的・協働的な学びの実現を！

○「自己開示」のできる教師に!

　SGE のキーコンセプトは「自己開示」です。國分先生は前出の著書の中でこう説明しています。

> 自己開示するために必要な前提は，「あるがままの自分を受容する」ことである。受容がなければ，単なる告白・懺悔である。言い方をかえれば，自己受容の宣言が自己開示であり，自己開示によって自己受容を確認しているといえる。これを繰り返すことにより，結果的に生きる力の源である自己肯定感が育っていく。
> 教師はぜひとも自己開示できる人間になってほしい。
> 教師の自己開示は，ときに子どもの生き方教育になり，ときに子どもに自分の人生を考えさせるきっかけになり，ときに子どもの生きる意欲になる。教師の自己開示が教え子を終生支える教育になりうるからである。

　自己開示については 21 ページを参照してください。なお，本書の 3 章では SGE 初心者の先生方にも安心して実施していただくため，自己開示は概ね浅めの設定の指導案を紹介しています。

○ SGE&ICTで主体的・対話的・協働的な学びの実現を!

　ICT を活用する SGE も，対面で行う SGE と根源的なものは何も変わりません。「子どもたちの学びに必要な手段の一つとなった ICT を，SGE でも活用していきましょう」というものです。

　もっといえば，**SGE の実践で ICT を上手に活用することによって，学校教育における ICT 活用の本来の趣旨である，主体的・対話的・協働的な学びの実現に，最も近づくことができる**といっても過言ではないと考えます。本書はそのスタートです。さきの「SGE の本質」とキーコンセプトである「自己開示」をまず押さえて，本書を参考に ICT 時代の SGE の実践に，ぜひチャレンジしてください。

タブレットでふれあう
エンカウンターの特徴

「タブレットでふれあうSGE」は，どなたでも実施可能です。
ここではみなさんの不安・疑問にお答えしつつ，
本書の特徴をご紹介します。

 ICTは苦手です。そんな私でもSGEで活用できますか?

> **特徴 1** 本書で扱うエクササイズは
> 初歩的なタブレット操作でできます。

　文部科学省は当初，「1人1台端末」の導入について2023年度末の実現
をめざしていましたが，コロナ禍の一斉休校などでオンライン授業への注
目が高まり，2020年度末からの前倒し実施となりました。

　この「1人1台端末」に，どう対応していいのか，とまどわれている先
生は少なくないと思います。その理由は，この急速な前倒しに教育現場が追
いついておらず，指導する私たち教員のスキルも十分に揃っていないこと
にあります。

　本書では，それでもチャレンジしてみようと決意した先生方へ向けて，
ICTの活用にスモールステップで取り組むことができるように，できるか
ぎり初歩的な操作だけで実施できるエクササイズの進め方を提案しました。

　タブレット型端末（以下，タブレット）を利用すると，ワークシートの印
刷が不要になる，子どもたちの記録が残しやすいなど，便利なこともたく
さんあります。子どもたちとともにSGEを体験しながら，ICTの便利さを
享受していただけたらと思います。

ICTは何とかこなせますがSGE初心者です。実施できますか?

特徴
2
本書掲載のエクササイズは概ね取り組みやすい
「定番もの」です。

　ICT を利用して SGE を展開するには，大きく二つのスキルが要求されます。一つはエクササイズを展開するスキルで，もう一つが ICT 機器を活用するスキルです。

　本書では，「SGE は経験があるけれど，ICT 機器は苦手」という先生だけでなく，「ICT 機器は授業で活用しているけれど，SGE ってなんだ?」「ICT 機器の効果的な活用をねらって授業をしたけれど，子どもたちの活動が活性化しないなぁ」という先生方の悩みが解消されることもねらいとしています。

　そこで，本書で取り上げた SGE エクササイズは「定番もの」が多くなっています。つまり，先生方に授業展開のイメージがわきやすいもの，初めてでも失敗しにくいものを取り上げ，これを機に初めて SGE を実施してみようと思った先生方にも取り組みやすいように意図しました。

　ICT に強い方であれば，「タブレットの機能を生かすなら，もっとこうしたほうがよい」「このアプリを使えば，もっと簡単にできる」「こんな便利な方法もある」──そんなアイデアも出てくることでしょう。

　タブレットの活用方法は，これからもたくさんのアイデアがどんどん積み重ねられていくものと期待しています。「こういう使い方ができるよ」という実践例がありましたら，ぜひ私たちに教えていただけますと幸いです。

SGEを実施したくても，なかなか時間がとれません。

特徴
3
本書で扱うエクササイズは概ね短時間でできます。

　「SGE が子どもたちの人間関係づくりに効果的なのは知っていますし，子どもたちにとって必要なこともわかっています。でも，なかなか時間がとれないのが現実なのです」

——こうした先生方の声にお応えして，本書の３章ではおよそ15〜20分でできるショートエクササイズを中心に紹介しています。朝の会，帰りの会，あるいは教科授業の導入等でぜひ活用してください。

　　ただし，子どもも教師もタブレット（ICT）の操作に慣れないうちは，途中で思わぬ時間をとられてしまうことが予想されます。

　　できるだけ事前にシミュレーションをして，起こりそうな問題と対応法について検討しておきましょう。できれば教員同士で予行練習をするとよいでしょう。

　　それでも最初のうちは，活動がスムーズに進まない場合もあると思います。そんなときも，タブレットを使って試行錯誤を楽しむ子どもたちの姿や，失敗体験を成功体験に変えたときのうれしそうな姿が見られます。うまくいかないからこその「限定商品」になり，貴重な体験になるということもあるのではないでしょうか。

学級担任でなくてもできますか?

> **特徴4** 授業の中に取り入れてみましょう。

　　中学校以降では教科担任制となることもあり，「学級担任をもっていないので SGE を行う機会がない」と言われる先生が意外と多いものです。SGE は学級活動やホームルームで行うものという意識が強いからだと思います。

　　本書掲載のエクササイズの実施時間は15〜20分程度ですので，教科の内容と関連させたり，授業中のグループ活動を活性化するねらいで実施することもできます。

　　高等学校以上では，選択科目の多様化などで，授業ごとに生徒の構成が異なる場合もあります。こうした学習集団を活性化する一つの方法としても SGE は効果的です。

　　タブレットを用いた授業の開始を契機に，SGE の導入も検討してみてはいかがでしょうか。

なぜ，わざわざタブレットを使ってSGEを行うのでしょう？

特徴 5 今後は対面とタブレット（ICT），どちらの方法でもふれあえることが必要なスキルになります。

　SGE を長年実施してきた方の中には，「休校時のようにオンラインしか方法がないならともかく，教室でわざわざタブレットを使って SGE を行う必要があるのか」と思う方は少なくないかもしれません。

　たしかに，子どもたちの視線がタブレット画面に集中すると，目の前にいる相手への関心が薄れ，対面のコミュニケーションがおろそかになってしまうのではないかという心配もあります。しかし，それも一時的なことでしょう。

　タブレットは，便利な機能をたくさん備える「何でも箱」です。筆記用具，ノート，付箋，模造紙，ホワイトボード，カメラなど，1台でいくつもの役目を果たすことができます。これらの機能は，個人で使うこともできますし，Wi-Fi などのネットワーク環境につなげればグループの共同編集なども可能になります。

　子どもたちは，しだいにこれらの機能を使いこなし，コミュニケーションや共同作業のツールとして，あたりまえのように便利に活用していくことでしょう。

　テクノロジーの進歩により，人と人とのコミュニケーションの方法や手段は，どんどん多様になっています。これからの時代は，タブレット（ICT）を使って人とふれあえること，共同作業ができることも，子どもたちのスキルの一つとして必要になるのではないでしょうか。

　GIGA スクール事業の「I」はイノベーション（改革）を意味しています。身体的なふれあいが必要なエクササイズが可能である，言葉だけではない雰囲気や空気を感じ取る活動ができるなど，タブレットを使わずに対面で行う SGE のよさはたくさんあります。しかしながら，0か100かではなく，両方のよさを取り入れようとする意識変革が私たち教師にも求められていると思います。

休校時のオンライン授業でもSGEエクササイズは実施できますか？

> **特徴6** できます！　「物理的なふれあい」ができないとき
> こそ，「精神的なふれあい」を大切に。

　学校全体が休校になったとき，短時間でも朝の会などで全員と顔を合わせられると，お互いの安心感にもつながります。

　例えば，オンライン授業の冒頭で，カメラに人差し指を向け，みんなでいっせいにあいさつをする「エアーアウチ」（104ページ）を行うのもよいでしょう。

　あるいは，「カラーワーク」（68ページ）など，手間のかからないエクササイズを取り入れていくことも可能でしょう。本書で取り上げたエクササイズの中には，アレンジや工夫をすればオンラインでも実施可能なものが多くあります。

　できれば事前に教員同士で予行練習を行い，課題となりそうな点を把握するなど進行の確認が行えるとよいでしょう。

　なお，北海道カウンセラー協会では，オンラインSGEに早くから取り組み，指導案を公開しています（34ページ）。参考にして実施していただければと思います。

　休校によって「物理的なふれあい」ができない場合でも，「精神的なふれあい」は無限大です。ピンチをチャンスに変えて，どんなときでも分かち合える仲間がいることを，子どもたちに体験させてください。

　ふれあいは人を癒し，人を育てます。

タブレットの活用でSGEをどう展開するか

1人1台端末導入で変わる
授業とコミュニケーションの質

1 1人1台端末で変わる授業風景と学びの質

　始業のチャイムが鳴り，係が号令をかけます。「起立，気をつけ，礼」「おはようございます」——机の上には教科書やノート，筆記用具の代わりに1台のタブレット。少し前までは未来予測でしかなかった光景が，いよいよ教育の場に入ってきました。

　「先生，教科書忘れました」——おなじみのこのセリフは将来的に聞かれなくなるかもしれません。1人1台端末の導入やデジタル教科書の普及により，今後も教材のペーパーレス化は進むでしょう。

　「この問題の解き方がわかる人は？」——机間巡視でノートを見ると，解けている子が多いにもかかわらず，教師の声かけに手があがりません。仕方なく発言できそうな子を指名します。このような場面にも，1人1台端末の導入が効果的に作用するかもしれません。

　間違えてもよいから積極的に発言してほしい。多くの教師はそう考え，さまざまな授業方法を考え，小グループで対話を促すなど工夫してきました。子どもの発言を適切に扱うことで，自己肯定感や自己有用感の成長を促すとともに，学力を向上させることが期待できるからです。今後は端末の活用で，さらに双方向型の授業展開が可能になることと思います。いろいろな試行錯誤が行われることでしょう。

　「いま先生の言った○○って何？」—— GIGA スクール事業によってWi-fi などの環境が整うと，学びの中に知らない単語が出てきたときに，インターネットとタブレットを活用して，自分で「調べること」も容易になります。検索方法や調べた内容の精査等は段階的に身につける必要がありますが，学年進行による整理がされた暁には，子どもたちの学びの質は大きな変革を遂げるのではないかと期待されます。

　知識の獲得を促進し，その知識を活用する方法を対話によってもたらすことが現在取り組まれている学びの形です。学びの質がシフトしています。

2 1人1台端末で変わるコミュニケーションの質

　オンライン環境の整備と1人1台端末の活用により，教室での教師と子どもたちとのコミュニケーションにも変化が予想されます。

　子どもたちの小さなサインを見逃さないよう観察し，声かけをし，配慮をすることについて，どれほどきめ細やかに対応しても，これまでの授業では，どうしても「教師→子ども」という一方向のコミュニケーションになりがちでした。

　そこに，双方向でつながったタブレットが入ることで，今後は子ども側からも発信や情報の共有を行うことが容易になりました。この「双方向」というメリットは，とても大きいものです。

　また，情報機器を用いるリテラシーを子どもたちが身につけていくうえで，タブレットを通した意見交換やメッセージのやり取りを行う際に重視したい点は「非言語のメッセージの重要性」の扱いです。

　「あれ？　○○さんのコメント，そっけないな。怒っているのかな？」——タブレットを通してコメントのやり取りだけを行うと，その背景にあるニュアンスまでを伝えることはむずかしくなり，シンプルなコメントがそっけない印象を相手に与えることがあります。

　「おはよう」のあいさつ一つをとっても，普段の会話では，私たちは無意識のうちに相手の声や表情からニュアンスを受け取って反応していますが，画面に表示されるテキストには，それが示されません。

　電子メールでは，これを補うために顔文字文化が生まれ，SNS の普及に伴い表現方法はさらに多様になりました。しかし，授業の中でやり取りされるテキスト（文字）の使用については，一定の制限が設けられていることが多いでしょう。そのため，文字だけのやり取りで誤解が生じないようにするには，発信側も受け取る側も，非言語によるコミュニケーションを意図的に補い合うことを意識する必要が生じるのです。

　コミュニケーションの方法や手段によって伝わり方に違いがあることや，伝えたいメッセージに合わせて方法や手段を工夫する必要があることは，体験的に理解していくことがいちばんの近道です。

　SGE エクササイズの体験は，そのような理解の一助にもなってくれると思います。

2

構成的グループエンカウンター
実施の基本手順

1 SGE の流れ

SGE は以下の流れにそって展開します。各要素について説明します。

```
──── SGE の展開 ────

①インストラクション（導入）
　・エクササイズのねらいの提示
　・やり方と留意点
　・デモンストレーション（お手本）
②エクササイズ（課題）の展開
③インターベンション（介入）
④シェアリング（振り返り，フィードバック）
```

2 エクササイズとその選び方

（1）SGE エクササイズについて

　SGE は「体験を伴う気づき」を大切にします。そこで，子どもたちは，まずエクササイズという共通の課題（活動）に取り組み，そこでの体験を通して「感じたこと，気づいたこと」をグループで振り返ります（シェアリング）。これによって，自分の感情（ホンネ）や，ものの見方や考え方，行動のパターンに目を向け，さらに自分とは異なる他者の感じ方・見方についても知ることで，認知の拡大が起こることが期待できます。

　SGE のエクササイズには「自己理解，他者理解，自己受容，自己主張，感受性の促進，信頼体験」という六つのねらいがあります。本書では，学校で児童生徒を対象に行う前提であることから，「自己理解，他者理解」のエクササイズを中心に，小中高の幅広い年齢で，だれもが楽しく他者と交流できるエクササイズをセレクトしています。

（2）時期に応じたエクササイズの選び方

　学級開き，班替え時，長期休み前後，行事の前後，行事のない中だるみの時期，トラブルが多くなる時期，悩みが多くなる時期（進路選択など），年度終わり等，時期に合わせてエクササイズを選ぶと，目的が子どもたちにはっきり伝わりやすく，積極的な参加が期待できます。

　例えば，年度始めで緊張感が高く，人間関係がまだ形成されていない場合には，子ども同士で楽しくお互いを知り合うことのできる2人組を中心としたエクササイズ（例「あいさつで名刺交換」60ページ，「座席表づくり」62ページ）や，教師と子どものリレーションをつくるエクササイズ（例「X先生を知るイエス・ノークイズ」56ページ，「先生とビンゴ」58ページ）を選ぶとよいでしょう。

　授業や行事の前は，これから行う学習活動のために，集団のリレーションづくりを進めるねらいをもって企画します。学習活動がペアで行われるのであれば，そのペアでエクササイズに取り組みます。

　行事の後に実施するエクササイズでは，活動を通して感じたことや気づいたことをフィードバックするものが適しています。

　行事を契機に人間関係を深めたいときは，よいところを伝え合うエクササイズ（例「いいとこさがし」74ページ）を，学年末には互いに感謝を伝え合うエクササイズ（例「〇年△組が最高！」100ページ，「別れの花束」102ページ）を選ぶとよいでしょう。

　また，長期休業明けには生活リズムの乱れや子どもたち間のコミュニケーションの問題から，欠席が目立つようになる子どもたちへの対応が必要になります。このときも SGE でリレーション形成を再度行うとよいでしょう。例えば，「先生とビンゴ」（58ページ）や「しりとり絵描き」（70ページ）など，ゲーム性が高く楽しめるエクササイズを行うことで，「このクラスにいると楽しいな」と子どもが実感できれば，不登校予防も期待できます。

（3）学級づくりをねらいとしたエクササイズの選び方

　学級内での子どもの孤立を防ぐ，グループの固定化を防ぐ，学級の雰囲気をポジティブにする，学級の一体感を強める，いじめや不登校を予防する等の効果をねらって，エクササイズを選ぶこともできます。

　例えば，ネガティブな言葉を減らしポジティブな言葉を増やしたいときは

「ふわふわ言葉とチクチク言葉」（84ページ），ポジティブなメッセージを伝え合う「気になる自画像」（78ページ）などのエクササイズが有効です。学級が落ち着かないと思ったときは，「こころスケール」（86ページ），「私の感情グラフ」（88ページ），「いまの私は何色？」（90ページ）で自分を見つめる時間をとるのもよいでしょう。

　エクササイズを繰り返し，継続的に行うことでSGEを通じてルールを学び，ふれあい体験を通して他者理解が進みます。個々の子どもたちは自己開示ができるようになり，安心して自分らしく生活できる学級に近づいていくことでしょう。

（4）カリキュラムに合ったエクササイズの選び方

　各教科，キャリア教育，特別活動，道徳教育，総合的な学習の時間等のカリキュラムの中で実施する場合には，どんな力を子どもたちに身につけさせたいのかを見定めてエクササイズを選定しましょう。

　例えば，学習の導入に「二者択一」（64ページ）のエクササイズを取り入れ，「朝食なら，ごはんとパンのどちらを選ぶ？」という問いから食育につなげることもできますし，「なってみたいのは，大手銀行の頭取か携帯電話の開発者か」「職業にするなら，保健室の先生か麻薬取締官か」などの話題をきっかけに，キャリアアンカーの発見につなげていくことができます。

　本書で紹介するエクササイズは概ね15分程度ですので，前後の学習活動と上手に関連づけて授業展開を考えると，効果的に実施できるでしょう。

（5）タブレット指導を目的としたエクササイズの選び方

　ICTの導入時には，「タブレット操作に慣れていくこと」自体を活動のねらいにすえて，エクササイズを選定してもいいと思います。

　例えば，文字入力に慣れることを目的に「あいさつで名刺交換」（60ページ），「自分への表彰状」（76ページ），お絵描きソフトを使ってみることを目的に「カラーワーク」（68ページ），画面を共有して描き込むことを目的に「共同絵画」（72ページ），ファイルの保存や提出することを目的に「夢マップづくり」（94ページ）を行うといったぐあいです。

3 インストラクション (デモンストレーション) の重要性

エクササイズの前に行うのがインストラクションです。ねらいの提示，エクササイズのやり方と留意点の説明，デモンストレーションを，わかりやすく簡潔に行うことがポイントです。

デモンストレーションでは，説明したエクササイズの内容を，教師が実際にやって見せること（お手本を示すこと）が重要です。以下のように，二つの重要な目的があります。

(1) 目で見て確認させる

タブレットを使ったエクササイズでは，エクササイズの進め方とともに，タブレットの操作を説明することが必要です。そのときに言葉だけの説明では，子どもたちにわかりづらいことが多くあります。教師が実際に端末を操作しながらお手本を見せることで，子どもたちはやることをはっきりと確認できるようになります。

(2) 自己開示のモデルになる

もう一つの目的は，教師が自己をオープンに語る姿勢が，子どもたちのモデルになるということです。これがSGEの成功を握るキーとなります。

例えば「好きなテレビ番組」を語る場合，出会いの時期であれば「私はサッカーの試合中継を観るのが趣味です。好きなチームが勝つと次の日も足取りが軽くてスキップしたくなります」などと，事実を中心に，楽しい雰囲気で話します。

一方，もう少し子どもたちの関係が深まった時期であれば，「○○というドラマの主人公の□□な生き方が好きです」「△△なシーンにすごく感動しました」と，価値観に関する話題を教師が語ります。子どもたちも自分を開くことへのためらいが薄れ，内面を話しやすくなります。

このように，教師はモデルとなる自己開示の度合い（深さ）を，学級の状態やSGEのめあてによって調整することが大切です。

学級開きで行う「X先生を知るイエス・ノークイズ」（56ページ）では，教師に関するクイズの内容が，事実に関すること→感情を伴うもの→価値観に関することというように段階的に構成されています。

これは，段階を踏んだ教師の自己開示（デモンストレーション）が，これから1年間，子ども同士がつき合っていくうえでのお手本になることを示しています。1年間を共に過ごし，教師と子どもたち，子ども同士の関係性が深まれば，年度末に行う「別れの花束」（102ページ）や「〇年△組が最高！」（100ページ）での自己開示は自ずと深いものになるでしょう。

　実際の体験か，感情を伴っているか，自分の思いや信念・価値観を語っているかなどによって，自己開示の深さが異なります。エクササイズのねらいや子どもたちの関係の深まりぐあいに合わせて，事前にデモンストレーションの準備をしておきましょう。

　さて，なかには「自分のことを語るのはどうも苦手で」という先生もいらっしゃると思います。しかし，9ページの國分先生の言葉を思い出してください。「教師はぜひとも自己開示できる人間になってほしい。教師の自己開示は，ときに子どもの生き方教育になり，ときに子どもに自分の人生を考えさせるきっかけになり，ときに子どもの生きる意欲になる。教師の自己開示が教え子を終生支える教育になりうるからである」——このことを心に置いて，ご自分を語ることにチャレンジしていただければと思います。

　例えば，「ふわふわ言葉とチクチク言葉」（84ページ）のインストラクションでは，「家族にチクチク言葉を言ってしまい，険悪な雰囲気になったけれど，反省し行動で示して仲直りをした」という旨の話を教師が語っています。「先生も失敗することがあるんだ」「失敗しても取り返せるんだ」「けんかしても仲直りできるんだ」といった生き方の見本を教師が示すことで，子どもたちは安心して自分の行動を振り返ることができるのです。

4 何を「構成」するか

（1）SGE の「枠」とは

　SGE（Structured Group Encounter：構成的グループエンカウンター）の「S」は，「枠を与える」ことを意味しています。

　以下の五つの枠が，エクササイズ実施のねらいや子どもたちの実態に合っているかをチェックし，必要があれば構成をアレンジします。アレンジしだいで，じっくり時間をかけて実施することもできますし，テンポよく短めの時間で実施することもできます。

```
――――SGE の「枠」――――

①時間――エクササイズの実施時間，話し合う時間など
②人数――グループサイズ
③構成員――だれ（グループ）と組むのか
④条件――エクササイズのテーマ，内容，やり方
⑤ルール――やり方のルールのほか，注意事項等の留意点
```

　「①時間」については，グループの時間を平等に使うことを保障するため，「話す時間は１人○分です」などと明確に指示します。

　「②人数」に関しては，「大人数の前では話せなくても２人であれば話せる」という場合が多いので，ペア（２人）から始めて，４人，８人などと段階的にグループサイズを大きくしていきます。ただし，思春期の子どもの場合，初対面の人や異性と一対一で活動するのは，かえって緊張が高まる場合もあるので，実態に合わせて判断します。

　「③構成員」に関しては，最初は隣の席の人や生活班などの縁を生かします。慣れてきたら，座席の前後，２列目と４列目を入れかえるなどの工夫をして，ランダムに多くの人とふれあう機会としましょう。

　「④条件」は，「○○の話題について話します」「言葉を使わないで伝えます」などと，ねらいにそった活動の条件を設定します。

　「⑤ルール」は，「相手の話（文・絵）をからかったり笑ったりしない」「言いたくない人は無理に言う必要はない」など，発達段階や学級状態に応じて，心的外傷が起こらないように最低限のルールを伝えます。

　「枠を与えると束縛される」と思われがちですが，必ずしもそうではありません。「なんでもいいから話して」と言われるより，「□□について」「１人○分で」と指定されたほうがイメージはわき，かえって安心して自由に語れるものです。安全・安心が保たれることで自己開示とシェアリングが深まり，ふれあいや自他発見が促進されるのです。

（2）グルーピングのコツと配慮

　枠の「②人数」「③構成員」にかかわる「グルーピング」については，エクササイズをどんなグループで行うと効果的かを考え，グルーピングの仕方について必ず事前に決めておきましょう。

出会いの時期であれば，安心できる相手とペアで行う活動を中心に行い，逆に人間関係を広げたいときには，あまり話をしたことのない相手同士でグループになる，といったぐあいです。

　例えば「いいとこさがし」（74ページ）などは，お互いをある程度知っていることが前提のエクササイズなので，生活班や係・行事のグループなどをベースにするとよいでしょう。

　反対に，人間関係の固定化を防ぐことを目的に，普段仲よくしている同士ではなく，あまり話したことがない人とのペアやグループを教師が意図的につくることもできます。

　場当たり的にその場で決めるのは NG です。配慮の必要な子どもや抵抗の強い子ども同士が同じグループにならないように配慮することも大切です。また，親しい者同士で勝手に組ませて，グループから外される子どもが出るようなことはあってはなりません。

　タブレットを使う SGE では，習熟度の高い子どもをグループに 1 人配置するといった配慮も必要になります（39ページ）。

5　シェアリングの工夫

　シェアリングでは，エクササイズ（体験）を通じて「感じたこと，気づいたこと」をグループで語り合います。

　「シェアリングのない SGE は SGE に非ず」とまで言われます。短時間でも口頭でも記入式でもよいので「感じたこと，気づいたこと」を振り返る時間を必ずとりましょう。

　「個で考え，自分の考えをまとめる」「ペアやグループの中で話し合う」「グループで話し合った内容をほかのグループと分かち合う」「学級全体で分かち合う」という流れが基本ですが，15〜20分程度の活動の中では，十分な時間を確保することがむずかしいと思います。

　代表で数名の子どもに感想を言ってもらう，子どもたちが入力した「感じたこと，気づいたこと」を学級通信に載せて読み合う，プリントアウトして掲示物にするといったこともシェアリングといえます。

　他者の見方や感じ方にふれることで新たな気づきが起こるので，振り返りの内容を交流する場面は必ず設けましょう。

　介入とは，子どもたちの活動に教師が割って入ることです。全体に介入する場合，グループに介入する場合，個人に加入する場合の3パターンがあります。

（1）エンカウンターの促進

　例えば，うまく気持ちを表現できない子どもに対して「〇〇という気持ちだったのかな」と言葉で明確化することによって，子どもが自分のホンネに気づける場合があります。

　また，グループの中で口火を切って話してくれた子どもに対して「あなたのおかげで，みんながこういうふうに話せばいいってことがわかったね」などと声をかけることで，全体の自己開示を促進するという介入の仕方もあります。

　子どもは，先生に認められたいという気持ちがあります。観察してよいところを支持し，「ちゃんと見ているよ」と伝えましょう。

（2）心理的安全の確保

　SGEはホンネで人とふれあうことでの自己成長をめざしています。ホンネで自分のことを話すためには，「話しても大丈夫」「聞いてくれる」「否定されない」という心理的な安全感が必要です。インストラクションの内容が守られていない場合や，自分の権利を子どもが守れないような場合には，教師が介入します。

　例えば，一人の子どもが延々と話し続けているような場合，「ほかにも話したい人がいるんじゃない？」と気づきを促します。あるいは，「話したくない」という子どもに無理に話をさせようとする子どもがいた場合は，「話す自由もあるけれど，話さない自由もあるんだよ」と説明し，その後，両者の気持ちや感じたことを聞きます。

　反対に，なんとなく話しすぎてしまい，あとから後悔する子どももいます。初対面や学級開きの場面で，深い自己開示をしてしまう子どもがいたら，ストップをかける必要があります。

　また，SGEには「エクササイズで話された内容は，この場，このときの

第
1
2
3
章

こととする」という決まりがあります。自分を語るエクササイズのインストラクションでは，このルールを子どもたちにしっかり伝えましょう。このルールによって，一人一人の人権を守るとともに，子どもたちが安心して自己開示できる環境を整えるのです。

（3）危機介入

　特定の子どもがグループから責められている，他者を傷つけるような発言や行動がみられるといった場合は，心的外傷を防ぐために，ためらわずに全体の活動をストップさせます。この場合でも，頭ごなしに叱るのではなく，「私」を主語にしたアイメッセージで伝え，なぜこのような発言や行動をとったのかを聞き取ります。

　マイナス発言やネガティブな行動への介入によってリレーションやSGEを深め，学級を大きく変えるチャンスになることも少なくありません。学級内で起きたことは学級内で処理し，学級のメンバーとも共有することがエンカウンターの基本です。

7　その他の留意事項

（1）エクササイズに参加しない子どもへの対応

　子どもたちの心にとって安心・安全な場をつくるという意味でも，活動の強制をしないことはとても重要です。

　「やりたくない」と表明した子どもがいた場合，そのように自己主張することも勇気の必要なことで，立派なエンカウンターであることも伝えたいものです。抵抗は大切に扱いましょう。

　参加しないという表明をあたたかな関心をもって受け止め，理由を聞くことが大切です。そのうえで，教師のデモンストレーションの相手になる，タイマー係をお願いする，物品等の配布のお手伝いをしてもらうなど，その子がやってもいいと思える役割を与えます。

　一方で，「強制はしないけれど，できれば私は活動に参加してほしい」などと，教師の思いをアイメッセージで伝えることは，あってもいいと思います。当初はやりたくないと言っていた子が，ほかの子どもの様子を観察することでやり方がわかったときや，ほかの子が楽しそうにしている姿を

見ているうちに自然に参加していることもあります。見学していてやりたくなったらいつでも入れることも伝えておきましょう。

（2）子どもの非言語的メッセージを見逃さない

「元気がない」「急に声が小さくなった」など，子どもの声の大きさやトーンからわかる情報は多くあります。子どもの表情やしぐさなどの非言語的メッセージを見逃さず，特に，エクササイズの中でマイナスの感情を受け取ったと思われる子どもには，その場で声をかけたり，授業後に事情を聴いたりするなど，細やかな配慮をしましょう。

（3）撤退する勇気（B面の活動を用意しておく）

ねらいを定め，入念に準備したとしても，子どもたちの反応が予想と大きく違うこともあるでしょう。また，ほかの予定が入り時間が十分とれない場合や，使用しようとしていた端末やアプリのトラブルなどに見舞われた場合は，無理をせず，撤退する勇気をもちましょう。

いざというときのB面の活動として，子どもたちが気軽に安心して取り組めるエクササイズや短時間でできるエクササイズ（例：じゃんけんや背中合わせなどの体を使ったエクササイズ）を用意しておくとよいでしょう。

8 教師も体験を（研修のすすめ）

学級でSGEを展開するときにいちばん大切なのは，教師自身の「エンカウンタースピリット」です。エンカウンタースピリットとは，自分自身に正直であること，他者のホンネを受容すること，役割を超えて本気で人と向き合う気概のことだと筆者（吉田）は思います。

また，多忙な中，教師がメンタルヘルスを維持していくには，職場のよい人間関係が欠かせません。「ふれあいは人を癒す」「SGEは自己成長の場」であることは，私たち教師にとっても同じです。

これらは，実際にSGEを体験することでしか理解できないものです。SGE体験ワークショップに参加すると，志を同じくする外部仲間とのふれあいが体験できます。ぜひ，体験ワークショップに参加して自分自身と向き合う体験をしてみることをおすすめします。

3

本書で扱うタブレットの基本操作

　本書では，2021年現在の小中学校での普及率や，サービスが無料で使用できることを踏まえ，「Google for Education」（Google 社の教育プログラムの総称）をタブレットで利用することを前提に，エクササイズの進め方を紹介しています（3章）。

　Google 社のサービスは，Chromebook だけでなく，Windows や iPad の端末でも利用可能ですが，Microsoft 社や Apple 社からも各 OS 向けのアプリが用意されているため，各社ウェブサイトの情報をもとに類似の機能やアプリを紹介します（下表）。

それぞれの OS 向けの標準的なアプリ等

	Google Chrome	Windows	iPad
教育機関用のプラットフォーム	クラスルーム	オフィス365エデュケーション	スクールワーク
①課題の提示と回収	クラスルーム	オフィス365エデュケーション	スクールワーク
②撮影	カメラ	カメラ	カメラ
③文字や絵の入力	**ワープロ** ドキュメント **表計算** スプレッドシート **プレゼンテーション** スライド	**ワープロ** ワード **表計算** エクセル **プレゼンテーション** パワーポイント	**ワープロ** ページズ **表計算** ナンバーズ **プレゼンテーション** キーノート
④いっせいに行う自由度の高い入力	ジャムボード	ホワイトボード	メモ （付箋機能はなし）

おもな基本操作

　本書では，以下の機能やアプリを使いながらエクササイズを展開しています。①課題の提示と回収，②撮影，③文字や絵の入力，④いっせいに行う自由度の高い入力，および⑤ファイルの保存や共有，以上の5点について簡単にふれます。

（1）課題の提示と回収——画像や見本等の提示，シートの配布と回収

　タブレットを使って，学級の子どもとメッセージや教材をやり取りするには，指導と学習を1カ所で管理できるオンライン学習システムを使用するのが便利です。ここでは Google クラスルームの例で説明します。

　クラスルームで提示する教材は，Google のドキュメント（ワープロアプリ），スプレッドシート（表計算アプリ），スライド（プレゼンテーションアプリ）等で作成することができます。また，これらのアプリは Microsoft オフィスと互換性が高いので，ワード，エクセル，パワーポイントなどで作成したファイルを使用することもできます。

〈例〉クラスルーム使って子どもに課題を提示する手順

　授業を行う学級のクラスルームを立ち上げ，教師が「ストリーム（掲示板のような場所）」に投稿する方法と，「授業」に投稿する方法があります。ここでは授業に課題を投稿する方法を説明します。

① Google クラスルームを立ち上げ，「授業」を選択。

②「＋作成」から，投稿の種類で「課題」を選択。

③投稿するファイルを新規作成。

　またはドライブから作成済みのファイルを選択。

④投稿するファイルの共有設定を行う。

　　「生徒はファイルを閲覧可能」を選択すれば，生徒によるファイルの編集は不可となる。見せるだけで内容を変更させたくないときは，これを選ぶ。

　　「生徒はファイルを編集可能」を選択した場合は，そのファイルは学級全体で共同編集できるようになる。

　　「各生徒にコピーを配布」を選択した場合は，受け取った子どもごとに個別のファイルが作成される。

⑤準備が終わったら「投稿」を選択（下書きとして保存も可能）。

⑥「授業」の画面で，投稿した課題が一覧に表示されていることを確認。

　　※課題の回収も簡単にできる。受け取った課題について作業したあと，「提出」を選択するように子どもたちに指導する。

（2）撮影——人物や作品などの撮影

　写真や動画の撮影は，スマートフォンでもなじみのある機能です。撮った写真を「人に見せる（共有する）」「ノートに貼る」「記録として残す」などの操作が簡単にできます。写真に撮ってすぐ使えるのはとても便利で，SGE エクササイズだけではなく授業でも活用できます。また，カメラ機能はオフラインで使用できるので，校庭など Wi-Fi が届きにくい場所での活動にも向いています。

　人物や他人の持ち物を撮影する際は，必ず相手の許可を得る，写真は目的の範囲で使用することを，子どもの年齢に応じてマナーとして指導することも大切です。

〈例〉Chromebookで写真を撮る手順

①カメラアプリを起動する。

②動画・写真を撮影する（データは各自のマイファイルに保存される）。

（3）文字や絵の入力

　タブレットでおもにキーボードを使って文字の入力や編集を行うには，Google のドキュメント，スプレッドシート，スライド等を使用します。指やタッチペンで絵を描いたり文字を入力したりする場合は，Google のキャンバスやジャムボードを使用します。

〈例〉ドキュメントを使って文字を入力する手順

① Google ドキュメントを立ち上げファイルを開く（通常はクラスルームに教師から投稿された課題を開くことが多い）。

　　※クラスルームを使って子どもたちに課題を出すときに，「ファイルの編集を許可する」にしておくと，ファイルを共同編集することが可能。

②基本操作は Microsoft のワードと同様（ワードとの互換性あり）。

③名前をつけて保存するには，左上の無題のドキュメント上にカーソルを近づけると「名前の変更」と出るので，タイトルを入力する。

注意事項

1）異体字の漢字に対応していないため，住民票登録の漢字で対応している子どもたちは，文字化け等の問題がないか確認が必要。

2）縦書きには対応していない。

3）子どものタブレットから，学校のプリンターにつないで，直接印刷できるように設定されているケースは少ない。印刷が必要な場合は，クラスの共有フォルダにファイルを保存し，プリンターと接続されている教師のタブレットから印刷するとよい。

※スプレッドシートも，ドキュメントと同じような操作で使用可能。

（4）いっせいに行う自由度の高い入力──模造紙や付箋のような使用法

模造紙やホワイトボードのような感覚で，タブレットに複数人でいっせいに入力をするには，Google のジャムボードを使用するのが便利です。ジャムボードは自由なレイアウトで文字を入力でき，手書き入力にも対応しています。また付箋も使うことができます。「みんなで一緒に使える」という強みを生かしてエクササイズで活用しましょう。

エクササイズでのアプリの便利な使い方や活用のヒントについては，コラム4(112ページ)も参考にしてください。

（5）ファイルの保存や共有

クラスルーム内の「クラスのドライブフォルダ」は，教師と学級の子ども全員の共有フォルダで，ここに置かれたファイルは全員が自由にアクセス可能です。班で共同編集するためのファイルや，子ども同士で互いに閲覧可能にしたいファイルは，ここに保存するとよいでしょう。

以上の操作や機能については2021年9月現在のものです。本原稿は著者らが Chromebook 上で動作を確認しながら作成したものですが，アプリの仕様や使用方法は随時更新されるため，必ず最新の情報を確認してください。また，ここで紹介した操作手順や方法は，ごく一部であることをお断わりしておきます。

4

タブレットに慣れてきたら

　ここでは，子どもたちや先生方が操作や指導に習熟していくと，さらに実践の幅が広がると考えられる機能について紹介します。

　今回，この原稿を書くために，「Google for Education」に関する資料を読み，実際に結びつけられるものはないか，検討してきました。

　ただし，これらについての実践はまだ行われていません。これからの実践のヒントとして，役立てていただけるとうれしいです。

実践の幅を広げる ICT 機能

（1）デジタルワークシートの作成――マルチメディア化が可能に

　タブレットを使った SGE では，ワークシートをデジタルで配信して使用する機会が増えていくことと思います。

　デジタルワークシートには，インターネット上の画像・動画・ウェブサイトや，教師が作成したスライドや音声ファイルなどをリンクさせることができます。著作権への留意は必要ながら，これらの機能をうまく使いこなすと，ワークシートのマルチメディア化が可能になります。

（2）アンケート機能で感想を即共有――スピード感を大事にしたい場合に

　Google フォームを使うと，子どもたちから出された意見を板書する必要もなく，瞬時にみんなで共有することができます。例えば，子どもたちからエクササイズのお題を集めたい，シェアリングの感想をすぐに共有したいという場面で有効です。

　また，シェアリングで挙手を求める代わりに，Google フォームを使って感想をたずねるといった方法も考えられます。全員の送信結果が自動的にグラフで表示されるので，集計の手間が省け，便利です。ここで気をつけたいのは，例えば，「楽しかったですか？」という設問に対して，多くの子どもたちは「楽しい」を選択したけれど，数人が「楽しくない」に投票し

たとき，「それはおかしい」という雰囲気にならないように配慮することです。

「みんな違ってみんないい」――これがエンカウンターの精神です。先生方には，同調圧力を感じさせない学級の雰囲気をつくっていただきたいと思います。

（3）タブレット画面に顔を映す――学級閉鎖や休校に備えて

Google ミートや Zoom などのオンライン会議システムを使うと，互いの距離に関係なく，インターネットを通じて集まり，互いに顔を合わせることができます。休校時のオンライン授業などを想定して，一度は試しておきたい機能です。ここでの留意点は「自分の顔を画面に出したくない」という子どもに配慮することです。顔を出す必要がない活動では，その旨を事前に伝えておきましょう。

教室でオンライン会議システムを使用する場合の注意点は，近くにいる機器同士がハウリング（スピーカーから出た音をマイクが拾い，それをまたスピーカーが再生することを繰り返し，雑音が生じる現象）を起こしてしまうことです。操作に入る前に，必ずすべてのタブレットのスピーカーの音量をミュートにしておきます（この場合は映像のみが利用可能となります）。

準備が可能であれば，すべてのタブレットにイヤホンあるいはヘッドホン（ヘッドセット）をセットすると，教室でもハウリングの問題なく使用することができます。

（4）グループに分かれて議論する

Google ミートのブレイクアウトセッションや Zoom のブレイクアウトルームの機能を使うと，オンライン上で，小グループに分かれての活動が可能になります。教室では席を移動することなく，いろいろなペアやグループをつくることができます。

それぞれの機能に対して，どんなことができるのかは，現在，試行錯誤の段階です。それぞれのアプリも進化していきます。今後はさらに，より効果のあるものを模索していく必要があります。

COLUMN
01
北海道教育カウンセラー協会による
オンライン SGE & 実践記録のご紹介

　編著者（大友，瀬尾，吉田，伊藤）の所属する北海道教育カウンセラー協会では，ホームページ（https://www2.hp-ez.com/hp/hkk/）で SGE 実践記録やオンラインで行う SGE の指導案を公開しています。ぜひ参考にしてください。

休校明けの SGE 実践記録

　新型コロナウイルス流行下で，学校で SGE を実践したときの指導案やワークシートを，参考用として閲覧することや自身の学習に活用していただくことをねらいとして公開しています。初めて実践する方がイメージしやすいように，一部は実践の様子を動画で紹介しています。

■新型コロナウイルス流行時のエクササイズ①

　2020 年 2 月 28 日，鈴木直道北海道知事は全国に先駆けて緊急事態を宣言し，その前日の 27 日から学校は一斉臨時休校になりました。その後も感染拡大により，休校は最長で約 3 か月に及びました。

　学校再開にあたっては，旧学年・学級に思いを引きずっている子どもがいることを踏まえて，学年開きや学級開きをていねいに行うことを意識してエクササイズを行いました。その時期の実践記録を紹介しています。

■新型コロナウイルス流行時のエクササイズ②

　本書の編著者である伊藤友彦（高等学校教諭）が，2020 年度に，臨時休校期間をはさんで授業導入時に行った SGE 実践記録です。

　すべての実践に共通している感染症予防対策は，マスク着用（推奨），非接触，短時間です。

※動画は肖像権・著作権については作成者にあり，作成者に無断で研修会等に利用することは禁止します。また，転載等については許可していません。

オンライン スペシフィック SGE　指導案

　休校時にもできる，オンライン会議システムを利用したSGEの指導案です。『構成的グループエンカウンター事典』（國分康孝・國分久子総編集，図書文化社）の第14章を基盤にして，遠隔教育を前提としたオンライン用に工夫したものになっています。

　新型コロナウイルス感染症対策で全国の仲間が集まって研修が行えないなか，当協会はいち早くオンラインでのSGEに取り組んできました。試行錯誤しながら実践を重ねた結果，オンラインで実施するSGEでも「ふれあい」「自他発見」の目的を十分に達成できることが実感されました。そこで，休校時のオンライン授業等に積極的に取り入れられるようSGE指導案を作成しました。以下に，オンライン授業でSGEを行う場合に特に注意が必要なポイントを紹介します。

■デモンストレーションは対面よりもていねいに

　小グループに分かれて「ブレイクアウトセッション」を行う場合，途中で質問ができず周りの様子も見られません。事前にやって見せるデモンストレーションがより重要になります。

　スポットライト機能（特定の人をメインスピーカーとして画面に大きく表示する機能）を使い，画面上には教師（リーダー）の顔だけが映る状態にすると，より効果的なデモンストレーションができます。

■ブレイクアウトセッションを行う前に

　ブレイクアウトルーム内で顔を見合わせたまま沈黙が続くことがよくあります。「出席番号の早い人が司会をする」など，ルーム内でのリーダーをあらかじめ指示しておきましょう。教師はできるだけルームを巡回します。教師がルームに入ってくると話がしにくい子どもに配慮して，教師の顔が映らないよう設定するという工夫も考えられます。

　ブレイクアウトセッションを行う場合は，移動時間やルームの編成時間などを考え，余裕をもって設定しましょう。

COLUMN 01

オンライン スペシフィック SGE 実践指導例

エクササイズ名	オンライン版　「?」（はてな）と「!」（びっくり）
授業者	学級担任　教科担任　養護教諭　SC
対象者	小学校低学年を想定
学年／人数	小学校1年　計30名　※3月のオンライン研修では14名参加
実施月	1月（冬休み明け）ころを想定
実施場面	学級活動・または道徳
ねらい	お互いのことを，もっと知る・知ろうとする。
出典	國分康孝・國分久子総編集『構成的グループエンカウンター事典』P354～355
アレンジした場合のねらいと変更点	・「?」と「!」の意味を全体で確認する。 ・「?」と「!」のカードを各自で作成する時間を確保する。 ・記号が書けない場合は「はてな・びっくり」と言葉で書いてよい。 ・自己紹介という言葉を使わず「自分のことをお話しする」と言いかえた。
作成上の留意点	・低学年でも作業の手順がわかるよう，一つ一つを区切って説明する。 ・「?」と「!」のカード作成は，参加者がそれぞれ準備することとする。
ワークシート等	なし
時間	30分
流れ	①インストラクション1（ねらいの説明，?と!の意味確認，カード作成） 　・「?」はどんなときに使いますか？「!」はどんなときに使いますか？ 　・自分の持っている紙とペンで「?」と「!」のカードを作りましょう。 ②インストラクション2（カードの見え方確認，発表順の確認） 　・できたカードを見せてください。見えますか？ 　・ペアに分かれて，最初に話す人（カードを出す人）を確認してください。 ③デモンストレーション（教師の見本） 　・どんなふうにお話をするのか，お手本を見せます。 ④エクササイズ（2人1組のブレイクアウトルームでの活動） 　・ではブレイクアウトルームに分かれましょう。時間がきたら全体の部屋に戻ります。 　・役割を交代して，エクササイズを続けましょう。 ⑤シェアリング（エクササイズ後，一度全体に戻ってから再度ブレイクアウトルーム） 　・思ったことや気づいたことを交流しましょう。 ⑥全体シェアリング 　・グループで出たお話しや，いま気づいたことを話してください。
児童生徒の様子や感想	・ペアでの交流は安心した雰囲気の中で行われ，それぞれの自己開示や気づきにも深まりが見られた。
ねらいの達成度	⑤　4　3　2　1
よかった点	・「?」と「!」は，それぞれどんなときに使うマークなのかを発表させ，出てきた意見を板書した。オンラインでは，リーダーが小型の「ホワイトボード」を持ち，その場で書くところも見せることにより，実際の教室での雰囲気に近いものになるよう工夫した。
改善したほうがいい点	・「?」と「!」のカードの見え方の確認が必要。バーチャル背景の場合，カードが画面に映らない場合がある。 ・デモンストレーションの際，一般参加者の画面をOFFにすると，演示をわかりやすく見せることができる。
実施の際の配慮事項	・2人1組のブレイクアウトルームを巡回する。
これから実施しようとする人にひとこと	・自己紹介は学年初めに行うことが多いが，小学校低学年の場合「相手」や「集団」を意識するのには時間がかかる。そのため，あえて学年の後半にこの活動を取り入れ，それまであまり話したことのなかった友達を知る場を設定したい。 ・集団の年令が上がると，学級開きなどでもできる活動である。

第 2 章

タブレットの上手な活用のために

タブレットを活用する
うえでの留意点

　ここでは，タブレットの活用に注目して，SGE に取り組むうえでの留意事項にふれます。

1 ICT を活用した SGE の基本展開

（1）活動時間の目安

　各エクササイズに示した「実施にかかる時間」は，ICT 機器が導入され，教師も子どもたちもある程度は利用に慣れてきたという状態を想定しての目安です。子どもたちが機器に初めて触る場合や，リーダーとなる教師がSGE のエクササイズに不慣れな場合などは，想定の時間よりも多めの時間を確保して実施することをおすすめします。

　なお，タブレットやアプリを立ち上げる，ワークシート代わりのファイルを送信するなどの作業で一つの授業が終わってしまうような状態では，SGE を行う前に子どもたちが疲れ果ててしまうことも心配されます。そのような場合は，無理をせずに，タブレットを使わずにエクササイズを実施することも検討しましょう。

（2）学齢による相違に留意する

　機器の操作スキルに関しては，家庭環境や子ども自身の興味関心，子どもの発達段階によって大きな差があるのが実態です。特に低学齢であるほど，操作の指示・説明には時間がかかるでしょう。そこで，使用する機能を限定する，部分的に教師が代行するなどして，活動がスムーズに進むよう工夫します。

　高校生以上では，タブレットは自己負担で準備するという自治体が多いようです。そのような場合，タブレットの種類が複数存在したり，利用できるアプリケーションに違いがあったりと，環境を統一することがむずかしくなります。同一の学校であっても，クラスによって利用できる環境が

異なることも懸念されます。そのため，生徒の個別の環境について事前のリサーチや準備を行うことが必要となるでしょう。これは SGE のみならず，タブレットを使用した授業を行ううえでも留意したい点です。

（3）グルーピングの配慮

　タブレット操作に関して，学級の中で大きな個人差がある場合は，習熟度の高い子どもをグループに1人配置する，操作が苦手な子どもばかりのグループにならないようにする，といった配慮が必要です。

（4）わかりやすい説明

　全員が安心してエクササイズに参加できることが大前提です。一つの手順を説明した後には，必ず「質問はありませんか？」と聞くなど，わからないことがあったら聞きやすい雰囲気のなかで進めます。

　また，操作手順を示した掲示物などを用意して，いつでも確認できるようにすると，安心して取り組むことができます。

（5）机間巡視の工夫を

　教師も操作のためにタブレット画面を見る時間が多くなると思いますが，子どもたちがタブレット操作をしているときは，意識的に机間巡視をしましょう。例えば「Aさんはすらすら書いている」「Bさんは悩みながら書いているな」「Cさんはここでつまずいたな」など，多くの情報を得ることができます。子どもたちの表情やしぐさを観察し，困っている様子やつまずきがないかを把握することは，必要な介入を適切なタイミングで行うために欠かせない，重要な行動です。

　また，操作に手間取る子どもに意識が行きがちですので，全体を見渡すことや子どもたちが発する非言語のメッセージに注意を払うことも大切です。「先生はAさんばかり教えている」「私も教えてほしいけど先生は忙しそう」など，いらだつ様子や我慢している様子が見られないか確認します。質問を全体で共有するのもよいでしょう。時には操作が得意な子どもの力を借りて，「Bさん，もうできたんだね。Cさんに教えてあげて」などと学び合いにしていくのも一つの方法です。

2 展開のアレンジや活動継続の仕方

（1）活動の繰り返しが自他発見につながる

　諸富祥彦は「エンカウンターのエクササイズは積み重ねが大切です。定期的かつ継続的に行うとともに，一つ一つ段階を追い，流れをつくっていくことが大切なのです」と述べています（『自分を好きになる子を育てる先生』図書文化社，126ページ）。

　これは，いろいろなエクササイズを次々にやるよりも，なじみのあるエクササイズを繰り返すことで効果が上がるということです。

　例えば「いいとこさがし」（74ページ）をはじめ，「ありがとうカード」「ほめ上げ大会」など，お互いの長所を見つけ合ったり，感謝を述べ合ったりするエクササイズを繰り返し行うことで，他者を肯定的に受け入れたり自尊感情を高めたりする効果がより高まります。これらは大きな行事のあとや学期ごとに行うのがおすすめです。「運動会のあとには，友達のがんばりをほめる活動を行いますよ」などと予告しておく工夫も考えられます。

　あるいは，自分をほめることで自己肯定感を高めることをねらいとした「自分への表彰状」（76ページ）を学期ごとに行うのもよいでしょう。1週間を通して行う「1日5分の自分さがし」（80ページ）では，昨日と違う今日の自分を発見できるかもしれません。

　同じエクササイズを繰り返し行うことで，以前との違いを感じるなど，自他発見につながることも多いものです。このような観点から，定期的に繰り返し行いたいエクササイズの教材をパッケージ化しておくことも考えられるでしょう。

（2）シェアリング時間を確保する

　シェアリングはSGEの肝要です。SGEの展開が上手な先生は，インストラクションを短く簡潔に行い，エクササイズとシェアリングの時間をしっかりと確保しています。

　数人の子どもに代表で感想を言ってもらう，選択肢を使って感想を聞く，Googleフォームに入力して送信するなども，時間短縮の方法として考えられます。

（3）「非言語的メッセージ」を意識的に

　タブレットを使った活動では，タブレット操作に目線が集中するために，相手の表情や身振り手振り，声の調子といった非言語的メッセージへの注目がおろそかになってしまう可能性があります。

　そこで，意識的に非言語的メッセージを発信・受信することが重要になってきます。例えば，大きくうなずいたり，聞こえた，わかった，理解したという合図を，普段よりも大げさにしたりすることが，意思疎通をスムーズにすることを子どもたちと押さえておきましょう。

　非言語的メッセージを意識できると，タブレットを利用してオンライン授業を行う際にも，適切なコミュニケーションがとれることが期待されます。子どもたちが家庭で使用しているスマートフォンや SNS のリテラシーにもつながります。

（4）アプリは使い勝手のよいものを選ぶ

　エクササイズの展開に使用するアプリについては，本書でご紹介した方法を参考に，先生が使い慣れているもの，子どもたちにとって使い勝手のよいものにどんどん変更するとよいでしょう。

　例えば「別れの花束」（102ページ）でのアレンジ法を考えてみましょう。

　本書では，Google キープというメモアプリを使ってメッセージを入力し，作成したメモを共有することで，相手にメッセージを送る（表示する）という方法を紹介しています。相手にメッセージを伝えるほかの方法としては，次のようなものがあります。

① Google ドキュメントでメッセージを作成し，送りたい相手を共同編集者とする。

② Google スプレッドシートにメッセージを入力して教師に送る。教師が確認してからそれぞれの子どもに渡す。

③ 1人1枚ジャムボードをつくり，付箋にメッセージを入力して，送りたい相手のボードに貼り付ける。

　このほかに，子ども自身でデザインしたメッセージカードを送り合うといったアレンジ方法も考えられます。

　子どもの発達段階や学級状態，その後の用途等によって，最適なタブレットの活用法を選びましょう。

2

ICT 機器のトラブルに備える

ICT 機器の機能を使い切ることに注力するあまり，子どもたちの活動が空疎になってしまうことがないようにしたいものです。

不慣れな機能をぶっつけ本番で使うことは避け，うまくいかないときには，速やかに別の方法に切りかえるなどのマネジメント力も，よいリーダーの資質であり，授業のうまい教師に共通する資質です。くれぐれも ICT 機器に使われてしまわないよう意識しましょう。

ICT ならではの思わぬトラブルに出合うこともあります。充電不足，機器の破損，回線速度の上限といった問題は気をつけておきたい点です。

ICT 機器トラブルに関する留意点

（1）充電不足への備え

新品のタブレットであれば，フル充電からの利用時間も長く，1時間の授業で充電不足となることはありませんが，一定の割合で生じる機器の不具合，連続使用や経年使用による劣化等により，徐々に稼働時間は短くなり，充電不足の問題が出るかもしれません。

教室内で授業中に充電しながらタブレットを利用することはむずかしいと思われますので，早めの機器の更新が理想です。

（2）落下による破損への備え

機器の破損原因の最たるものは落下でしょう。タブレットにもある程度の耐衝撃性はありますが，液晶画面の割れなど，いかんともしがたい事態に備えて代替機の準備が必要です。

ただし，学校に十分な予備機が確保できているという話はなかなか聞きません。自分のタブレットが使えなくなってしまったときは，タブレットなしで参加する（紙のワークシートなどを代用する），ほかの子どもと共同でタブレットを使用するなどの代替策を，事前に子どもたちと話し合ってお

くとよいでしょう。

（3）回線速度の上限への備え

　すでに経験されている先生方も多いと思われるのが，回線速度の上限です。教師が事前にリハーサルをしたときにはとてもスムーズだったのに，いざ授業で40人の子どもたちに接続させたところ，ほとんど機能しなくなったという話はよく聞きます。

　残念ながら，ネットワーク回線の速度は有限であり，多くのタブレットがつながればつながるほど，速度は遅くなります。天候や時間帯によっては，地域のアクセスが増えてつながりにくくなることもあります。

　どの程度まで利用が可能か，少しずつ試しながら把握し，校内で利用予定の調整を行うなどの工夫も必要です。

　また，Wi-Fi は電波を利用する回線ですので，鉄筋コンクリートの建物や，水（雨）などが電波を妨げてしまうことはよく知られています。校内で電波が届く箇所を確認しておくことも大切です。

（4）できるはずのことができない？

　「インターネットの情報では××ができるはずなのに，うまくいかない」ということがあります。ICT の機器やアプリは更新される頻度が高く，すでに情報が古かったり，同じアプリであっても，デスクトップ PC とノートPC とタブレットでは，画面のデザインや使える機能に差があるという場合もあります。また，アプリの中には，無料版から有料版にアップグレードすることで使えるようになる機能もあります。

（5）その他の機器トラブルへの備え

　始まったばかりの取り組みなので，ほかにも ICT 機器独特のトラブルがいろいろ起こると想像されます。そんなときに問題を共有できる校内の仕組みづくりもまた重要となるでしょう。

　学校事情もあるので簡単にはできないかもしれませんが，タブレットを活用した授業では，複数名の教師で授業にあたるようにしたいものです。機器トラブルの対応だけでなく，子どもたちの観察，把握にも効果が高く，取り入れたい方法です。

3

タブレットでふれあうエンカウンター
実践レポート 実践者の声

　ここでは，エクササイズ執筆者の先生方の実践レポート，実践した感想，子どもたちの反応，今後の課題等について紹介します。

**実践者
の声1**

ICT の使用で保存・管理がしやすく，振り返りに生かせる
和田可矢毅

　私は「10年後の私」（96ページ），「ふわふわ言葉とチクチク言葉」（84ページ）のエクササイズを学級で実施しました。

　以前から授業でタブレットを少しずつ使っていたため，子どもたちの機器操作やきまり（ルール，マナー）への理解が浸透し，どちらの活動も割とスムーズに行うことができました。

　「タブレットを使わなかったとしたら」と想像した場合，もっと和やかで活発な雰囲気が見られたのかもしれません。しかしながら，タブレットを通しても，落ち着いて機器に打ち込み，他者の言葉にふれる子どもたちの姿を見ることができました。子どもたちの様子と活動後の感想からも，自己理解を促す活動がきちんと実施でき，充実感のあるエクササイズになったと思います。

　教師にとっての ICT 機器を使用する利点としては，保存が便利で，子どもの記述を一度に見ることができ，管理もしやすいという点があげられます。学期途中でも学年末でも，必要に応じて個々に印刷してあげたら，子どもたちも振り返り，次に生かせると思います。

　エクササイズを実施するにあたり，アプリケーションの選択について迷いました。結果として「ふわふわ言葉とチクチク言葉」では Google ジャムボード，「10年後の私」では Google フォームを使いました。読者の先生方には，使用するタブレットの機種やアプリによって工夫し，開発しながら実践していただけるといいと思います。

事前のシミュレーションの大切さを実感

和田可矢毅・吉田ゆかり

「先生とビンゴ」（58ページ）を小学校6年生の学級で学期末近くに実施しました。当初は「高学年で行うと冷めた態度をとるかな」「つき合いの長い子どもたちに，いまさら私のことを詳しく紹介というのもどうかな」などと少し不安もありました。しかし実施してみると，「ビンゴ！」「やった！」という声が教室に響き，子どもたちは予想以上に喜び，反応がよかったです。

成功の要因の一つは，タブレットならではのカラーイラストを使ったワークシートにあるように思います。また，低学年で行う場合は，ドラッグ＆ドロップ（コピー＆ペースト）など，初歩的な操作の練習にもなると思います。

この実践を通じて，私自身が子どもたちに自分を開いてみせることはいいなと実感し，「また少しバージョンを変えてやろう」という気持ちになりました。

課題として感じたことが二つあります。一つは操作上のアクシデントです。ビンゴの枠にイラストを移動させる際，学級の4分の1の子どもに，少しとまどいが見られました。具体的には，同じ枠に絵が二つ入るとビンゴ表が勝手に下に伸びてしまう，一つのマスにいくつも入ってしまう，元に戻そうとしたときうまくいかないなどの様子が見られました。最初は一人一人に声をかけていましたが，数名から同じ声が聞こえてきた時点ですぐに「字を書き込んでもいいよ，マスが大きくなってもそのまま続けて大丈夫」と指示を出しました。

もう一つの課題は，タブレット操作の習熟度の個人差です。操作の速い子は早々にできてしまい，時間差合わせに気を使いました。操作がおぼつかない場合には字を入力させ，ビンゴの〇を付けられないときは「できなかったら消すとか自分なりに工夫して」と声をかけたところできたようです。

今回の実践では，起こりうる問題を教師がシミュレーションしておき，子どもの様子を見ながら声かけの工夫をしていくことの重要性を感じました。

エクサイズ後の子どもの感想には，「バグる」（プログラムに潜む誤り）「らぐる」（時間差が生じる現象）などの言葉が見られました。コンピュータ用語を普段から自然に使っている子どもが多いようです。子どもたちと学び合いながら，今後もSGEにタブレットを活用していこうと思います。

「タブレットなんてちんぷんかんぷん」からの好スタート
大浦久美子

　私の住む市では，この4月，小・中学校の児童生徒全員にChromebook
が配布されました。現場では使用が加速したものの，教師の技量によって授
業での使われ方に差があるようです。私自身は現場を離れ2年目に入り，
「タブレットなんてちんぷんかんぷん。できないわ」──そう思っていた矢
先，2021年4月末に市のICT研修でChromebookの外部講師による
「Google for Education」の遠隔講座（研修会）があり参加したところ，使
いやすいアプリだと感じました。まずは教師が学んで，自分で使ってみるこ
とが大切だと思いました。

　遠隔講座後にSGEの指導案を作成しました。ICTを活用したSGEエクサ
サイズの場合，指導案を作るためにどのように研究・検証するかが一つの
課題になります。「別れの花束」（102ページ）では，Googleキープのメモ
機能を使いましたが，タブレットでなくても自分のパソコンでGoogleクロ
ームを開くと，キープのメモ機能が使えます。初めは自分でGoogleのアカ
ウントを四つとり，1人で子ども4人分の役をして研究しました。

　授業実践にあたり相談した小学校の校長は情報教育に堪能で，すぐに「6
年生の教室で実施してよい」と担任の先生ともども了承してくださいました。

　実践では指導案どおりうまく流れました。ポイントは，①6年生なので子
どもたち30人がローマ字入力できること，②共有するにはアドレス入力が
必要でしたが，担任の先生がクラスメイトの名前を打つとアドレスに変換
されるように，ユーザー辞書を作成してくれたこと。③その辞書ファイル
を子どもたちにインポートさせたことでした。

　子どもたちはメモの共有場面（共同編集）では，自分の画面にグループ
メンバーからのメールが次々と送られてくるのを見て，「おお！来た，来
た」と喜んでいました。

　タブレットを使ったSGEを行ってみて，「ICTは苦手だから」と避ける
のではなく，基本を押さえたうえで指導計画を立て，まずは実践してみる
ことが大切であることを実感しました。おかげで私も，タブレット時代の
教育に遅れないですみました。みなさんも，ぜひ挑戦してみてください。

悪天候の日，インターネットは「びんの口」
山田もと子

　その日は低気圧接近で，朝から大荒れの一日でした。ものすごい風，たたきつけるような雨，ときどき雷！　休み時間も，まったく外に出られない。小学2年生の生活科「学校の周りを探検！　近くの公園で遊ぼう」も実行不可能だったため，「タブレット学習に変更します」と決めた私が間違っていました。

　天気の悪い日はネット環境も悪い！　28人のタブレットを立ち上げただけなのに「接続できません」「規定回線数を超えています」とメッセージが次々に現れます。「せんせー，できません！」「なんか字が出ます！」……子どもたちから次々と声があがり，担任（私）と支援員は頭を抱えました。最先端の教育機器が，暴風雨に負けるなんて！　そこに，1人の子が質問をしてきました。「先生，今日つながらないのも『びんの口』ですか？」

　「びんの口」とは，以前，私がインターネットの説明で使った言葉です。

　「今日はタブレットで，みんなが一度にインターネットを使おうとしたよね？　それは細いビンの口にバケツで水を入れるような感じなの。スーッと入る水もあるけど，外側にジャバーっとこぼれちゃう水も多い。水が入れば『つながった』ということ。こぼれちゃったら『つながらない』ということね。ところがタブレットは働き者だから，こぼれた水も集めてまたビンの中に入れようとするの。それを待てずにタブレットのキーをパンパンとたたくと，またバケツで水を注ぐのと同じになっちゃう。だから，あれ，つながらないなっていうときに，フーと一息ついてちょっと待つことも大事なんだよ」と。

　さらに今日付け加えた説明は「『ビンの口』をよく覚えていたね！　今日のような雨風の強い日は，ビンに入れようとする水がうちわで激しくあおがれているイメージね。ビンの口の直前で吹き飛ばされて中に入ることができないのだけど，それはみんなのせいじゃないんですよ」――説明しながら「私の話は果たして正しい？」と思ったりもします。それでも，ビンの口に少しずつ流し込んでいった結果（あきらめずにログイン作業を繰り返した結果），時間内にクラス全員，ビンの中に入ることができました。あーよかった！　タブレット導入からの日々，教師と子どもの暗中模索の学び合いは続くのです。

低学年のキーボード文字入力，さてどうする？
山田もと子

　低学年の子どもたちにとって，パソコンを使うことはあこがれであり，キーボードを滑らかに打つ姿は「カッコいい」と感じることの一つです。

　しかし，小学校でローマ字を習うのは3年生からです。現在私が担任しているのは2年生。さて，文字の入力をどうするか？

　GIGAスクール構想において求められているのは，「1人1台端末で個別最適な学習を」……。低学年でもタブレットを使い，キーボードにも抵抗なく触れられるようになるには，「練習の時間」をとることが必要になってきます。

　そこで今年（2021年）の5月，私のクラスでは「本気でタブレット（Chromebook）に向かい合う時間」がスタートしました。

　使った時間は，生活，国語，学活，図工などの活動の一部です。初めのうちは電源を入れ，ログインして……の手順を説明するだけで時間切れでした。しかし，頭の柔らかい子どもたちは，あっという間に操作手順を覚えて，自分たちから「先生，キーボードで字を打つにはどうするんですか？」と言い出しました。これは想定内。

　「マウスパッドにローマ字とひらがなの表が印刷してあるでしょ？　それ見て入力してみて」と言う担任。しかし子どもたちは「見てもわかりません」とつぶやいています。これは想定外……。

　ここで気がついたのは，「Chromebookのキーボードは小文字，対応表は大文字」ということです。ローマ字を習っていない2年生にとって，Aとa，Bとb，Dとdは別物です。しかし，ここで「ひらがな入力」をさせたら，ローマ字入力を覚えるときの二度手間が発生します。キーボードの位置は，アルファベット26文字を覚えるほうがずっと便利です。

　そこで，ネットで「Chromebook　小文字　キーボード」などと検索しながら資料を探し，自由に使ってOKの素材も見つけ，合同会社かんがえるのGIGAスクール応援サイト（thinkrana.com）を参考にして，こんなワークシートを作成しました。

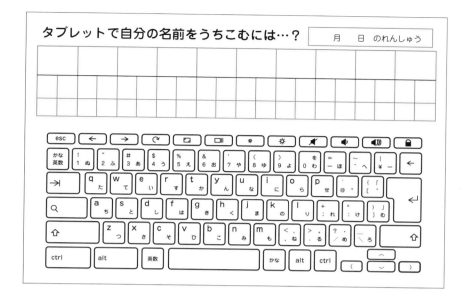

〈使い方〉

①3段あるマス目の一番上の段に，自分の名前（または入力したい言葉）
　をひらがなで書きます。

②真ん中の段に，上のひらがなを「ローマ字の小文字で」書き入れます。
　これは大人の仕事です。

③2段目のローマ字を見ながら，一番下の段に，キーボードに書いてある
　「ひらがな」を書き入れます。これは子どもが自分で書きます。

　　この通りやってみると，例えば，

　　1段目…おおともひでと

　　2段目… ootomohideto

　　3段目…ららからもらくにしいから

となるわけですね。自分の名前が怪しげな響きの並びになるところに，
子どもたちの笑いが出たりして，それはそれで楽しい時間でした。

　　これを数回やっているうちに，子どもたちは「あぁ，同じ文字は同じキ
ーボードで入力できるんだな」と気がつき始めます。あたりまえのことで
すが，それを「自分で気づく」ところが重要なのですね！

49

COLUMN
02
エクササイズ前に
「呼吸法」で集中力アップ!

　呼吸法の作用としては，不安・ストレスの軽減，集中力の向上，気持ちを落ち着かせることなどが知られています。SGE の前に短時間の呼吸法を取り入れることで，より効果的にエクササイズが実施できるでしょう。また，繰り返し練習して個々の子どもたちが呼吸法を身につけることで，例えば，部活の試合前や試験前の緊張などの緩和として活用したり，別室や保健室などで個々の子どもにレクチャーすることで不安の軽減に役立てたりすることもできます。

　呼吸法にはいろいろありますが，ポイントは腹式呼吸を行い，意識的に吐く息をゆっくり行うこと。副交感神経が優位になり，リラックスしてきます。ここでは「10 秒呼吸法」のやり方を紹介します。

10 秒呼吸法

①椅子に座り，手はももの上か，軽くおなかに当てます。いったん背筋を伸ばしてから息を吐き，背中の緊張をゆるめます。

②口からゆっくり息を吐き，3 秒かけて鼻から静かに吸い，4 でいったん止めます。軽く口をすぼめ，ゆっくりと口から吐き出し，5，6，7，8，9，10 とカウントします（吸う時間の 2 倍以上かけ，緊張や疲れ，不安や不満も一緒に吐き出すイメージで吐くのがポイント）。

③この呼吸を 6 ～ 10 回繰り返します。

④慣れてきたら，心の中で自分へのプラスのメッセージ（「落ち着いて」「大丈夫」など）を送ります。

⑤最後に，手を開いたり握ったり，大きく伸びをして深呼吸を数回します（リラックスしすぎると立ちくらみのような状態になることがあるために行う消去動作）。

出典：藤原忠雄『学校で使える 5 つのリラクセーション技法』（ほんの森出版，2006）

第3章 ICTを活用したSGEエクササイズ

1

まずやってみよう！
タブレットでふれあうエンカウンター

　本章では，タブレットを活用した SGE エクササイズの実際についてご紹介します。子どもたちの実態に合わせてアレンジしてください。

1 本書掲載の SGE エクササイズの特徴と留意点

　ここでは，SGE の定番といわれるエクササイズの中から，タブレットを使って実施しやすいものをチョイスしました。ただし，定番ものでも，ライブ感が重要な「じゃんけん」や，「トラストウォーク」などスキンシップを伴うもの，道具を使う「サイコロトーキング」などは ICT となじみにくく，本書では取り上げませんでした。これらは必要に応じて組み合わせる，あるいは交互に行うなどしていただければと思います。

（1）短時間で効果的に行うコツ

　短時間で実施できるように，通常1時限の内容を数回に分けて構成しているエクササイズもあります。活動の時間がとれる場合は，通しで行うとよいでしょう。前述のように，ICT に慣れないうちは，予定の時間をオーバーしてしまうことも少なくないと思います。シミュレーションを行い，起こりうる課題を押さえてから実施するとよいでしょう。

　また，短時間で効果的にエクササイズを行うための一つの工夫として，「予告」があげられます。例えば，朝の会で「今日の特別活動の最初に『いいとこさがし』をしますよ。休み時間に，相手のいいところを考えておきましょう」などと言って，ペア（グループ）になる相手を伝えておくのです。すでに何回か行った活動であれば，子どもたちも要領がわかっているので，スムーズな活動につながるでしょう。

　朝の会と帰りの会をセットにして一つのエクササイズを実施する方法もあります。例えば，「座席表づくり」（62ページ）では，「朝の会で自分と同じ列の人の名前を聞きましょう。帰りの会ではお隣の列の人の名前を聞き

ますよ」というぐあいに。

（2）アレンジしてカスタマイズ！

　慣れてきたら，エクササイズはどんどんアレンジしてみてください。

　例えば，本書の「いいとこさがし」（74ページ）は，相手のいいところを写真で表現するスタイルをとっていますが，言葉で伝え合いたい場合は「別れの花束」（102ページ）の手順が応用できます。メモアプリに相手のいいところを入力し，メモを共有するといった手順です。

　また，指導案紹介の各ページには「使用するアプリや操作」という欄がありますが，そこに記載されているアプリ以外にも，目的に合わせて，ご自身で使い勝手のよいものを使用してください（41ページ）。

（3）ICT の特性を生かして保存・管理を

　保存・管理がしやすいという ICT の特性も生かしたいところです。

　例えば，「自分への表彰状」（76ページ），「1日5分の自分さがし」（80ページ）を継続して行い，書きためたシートを振り返ることで自己理解が深まります。あるいは，「いいとこさがし」でもらった写真やメッセージを蓄積していくと，「自分のいいところ」を画像と言葉で眺めることができ，自己肯定感・自尊感情の高揚につながるでしょう。

　また，シェアリングの最後には，感想を入力したファイルを共有ドライブに保存する場合と，Google フォームなどに感想を入力して送信する場合があります。そのため指導案の最後には「感想を記入し，保存（送信）してください」という教師の指示を記載しています。また，低学年の場合は，交流のみで文章による感想の記述はない場合もあると思います。学級の実態に応じてシェアリングを行ってください。

（4）一人一人の子どもにあった SGE の展開を！

　子どもの揺れ動く感情に対応した「こころスケール」（86ページ），「私の感情グラフ」（88ページ），「気持ちの整理箱」（92ページ）は，保健室でも活用できます。文科省の GIGA スクール構想の文言，「多様な子供たちを誰一人取り残すことなく」は，SGE の思想にも合致します。ICT の特性を生かし，個々の子どもに合った SGE を展開してください。

実践の現場から 子どもたちの様子と気づき

1 SGE エクササイズ中の子どもたちの様子と作品

「あいさつで名刺交換」

子どもが自分の大事にしている物や好きな物を撮影した写真を「名刺」とし，ペアで紹介し合う。ここでは，自分の筆箱を撮影し，画像に「だいじにしているふでばこ」と入力。

「あいさつで名刺交換」

葉の上にのせたかたつむりを撮影し，自分の名前とともに「わたしのすきなむしのかたつむり」と入力。

「いいとこさがし」

友達の「いいところ」として，図工作品を撮影している様子。その後，撮影した画像にメッセージを入力して保存し，相手に見せて，撮影した理由を説明する。

「別れの花束」

● 自分で気づけなかったよいところを
　友達に書いてもらってとてもうれし
　かったです。

● 友達にはいいところがたくさんある
　ことに気づきました。

● 友達のよさに気づけたし，自分のい
　いところも友達がわかってくれてい
　ることがうれしかったです。

グループメンバーへのメッセージ
を入力している様子。

● このカードをもらうとすごく元気になります。いろいろなところで
　ちゃんと見ていてくれる人がいるんだなと思いました。

● 自分のいいところがわかったし，2人が同じ意見だったので，みん
　なこう思っているとわかりました。それは「いつも笑顔で話しかけ
　てくれてありがとう」です。

「ふわふわ言葉とチクチク言葉」

● 相手からふわふわ言葉を受け取ったとき，心があたたかくなって，
　自然と笑顔になりました。

● ふわふわ言葉を言ったとき，相手が笑ってくれたし，自分の心もぽ
　かぽかしていいなと思いました。普段からたくさん使えるようにな
　りたいです。

● 自分では気づかないうちにチクチク
　言葉を言っていることがあることが
　わかりました。気をつけたいです。

● チクチク言葉は，自分はいい意味で
　使っているつもりでも，相手は傷つ
　いたり，やる気がなくなったりして，
　嫌な気持ちになってしまうことがわ
　かりました。

ふわふわ言葉，チクチク言葉をア
プリ上の付箋に記入し，仕分けし
ている様子。

第
1
2
3
章

X 先生を知るイエス・ノークイズ

👆 使用するアプリや操作

Google フォーム

①タブレットを使って答えを送信

Q1・
先生は〇〇県××市の出身である。
○ YES
◉ NO

どっちかな？

NOで送信する？

NOっぽくない？

うん

②教師が答えを発表する

YES　NO

先生は△△市の出身です

1. 先生は〇〇県××市の出身である。
2. 先生は子どもが〇人いる。
3. 先生の性格は〇〇である。
4. 先生の趣味は〇〇である。
5. 先生が君たちに一番身につけてほしい力は〇〇である。

👆指導案（中学校1年生対象例）　　★：子どもの反応　　▼：操作／■：留意点

1. インストラクション

●これから1年間一緒に過ごす担任の○○です。私のことをみなさんに知ってもらうために，私に関するクイズを5問出します。イエスかノーで答えられるものです。

●グループで相談して正解を考えてもらいます。そう思う理由も考えて相談し合い，グループの答えを決めましょう。とりまとめるリーダーを決めてください。

■クイズの内容は事実（例：出身地）→感情（例：性格）→価値観（例：趣味・信条）に関するものへと徐々に深めていく。

2. エクササイズ ＜手順＞

①教師が自分に関するクイズを出題する。

②グループの答えを決めて送信する（3分）。

③すべてのグループが答えを送信したら，クイズの答えとともに教師が自己開示をしつつ自己紹介をする。

④1問ずつ5問目まで行う。

⑤感想をグループで伝え合う。

▼グループに1台のタブレットを使用。

▼Google フォームのリンクを送信する。各質問に対して「イエス・ノー」をグループで選び，リーダーが教師に送信する。

3. シェアリング

●何問あたったかな？　集計結果を見ると正解率が一番高かったのは，このグループです。拍手！

●私のことを知ってもらえてうれしいです。クイズで説明したように私がみなさんに一番身につけてほしい力は「人間関係力」です。縁あってこのクラスに集まったみんなとふれあいながら，いまこの時期にしかできないたくさんの経験をしてほしいと願っています。

●ほかに私に聞いてみたいことはありませんか？

●感じたこと，気づいたことを話してください。

　　★私たちのことをわかってくれそうな先生だと思い，安心しました。クラスの人たちとも仲よくしたいです。

●感想を入力し，保存（送信）してください。

▼正誤結果の集計グラフを拡大モニターに表示する。

■クイズの解答から，自己開示をし，子どもたちへの思いを語る。

▼Google フォームを利用して教師への質問を受けつけてもよい。

👆アレンジや事後指導

●時間があれば，出題数を増やしたり，教師の答えを参考にグループで互いのことを話し合ったりして，親交を深めるとよい。

●子どもたちにも自分に関するイエス・ノークイズを考えさせて伝え合ってもよい。

先生とビンゴ

── エクササイズのねらい ──

教師について知り，親しみをもつ。学級開き直後や初回授業で行うことで，緊張感を解きほぐし仲間に心を開くきっかけとする。

- -

🎯 目的：他者理解 ／ 👥 対象：小学校低学年～高学年 ／ 🕐 時間：15分

👆 使用するアプリや操作

Google ドキュメント（スプレッドシートでも可）

先生のすきなたべものはなに？

りんご　いちご　ケーキ　カレーライス
すし　うどん　ラーメン　たこやき
ピザ　スパゲティ　ごはん　みそしる
なっとう　ハンバーグ　やきざかな　やきにく
パン　シチュー　やきとり　ぎゅうにゅう

イラストを
ドラッグ＆ドロップして
ビンゴのマスに入れる

ビンゴ！

私と同じだ♡

第6位は……
納豆です！

タテ，ヨコ，ナナメのマスの
どこかが2つそろったらリーチ！
3つそろったらビンゴ！

👆指導案（小学校中学年対象例）　　　★：子どもの反応　　▼：操作／■：留意点

1. インストラクション

● 今日は私のことをみんなにもっと知ってもらいたいと思ってこんなものを用意しました。これで何をするかわかりますか？　そうビンゴですね。

● やり方を説明します。右側の絵の中から，私が好きそうだなと思う食べ物を九つ選んで，ビンゴのマスの中に指で移動させてください（ドラッグ＆ドロップ）。

● みんなが埋め終わったら，私が好きな食べ物9位から順に発表します。2個並んだらリーチ，3個並んだらビンゴです。ビンゴになったら，その場で私とエアーハイタッチ（手を触れないハイタッチ）をしましょう。

2. エクササイズ ＜手順＞

①ワークシートを全員に配信する。

②教師の好きな食べ物を予想して，9個のマスの中にイラストをドラッグ＆ドロップする。

③教師が好きな食べ物の9位から順に発表する。

④教師の答えと同じ物があったら○で囲む。

⑤リーチやビンゴになった子どもに声かけ（「やったね！」など）やエアーハイタッチを行う。

3. シェアリング

● みんなに私の好物を知ってもらえてうれしいです。私の一番の好物はカレーですが，正確に言うと「お父さんのカレー」です。私の父は休日にいろんなスパイスを使ってカレーを作ってくれました。いま，私も休日はカレーを作って家族にふるまっています。

● 感じたこと，気づいたことを互いに交流しましょう。

　★一番好きな食べ物が私と同じでうれしかった。

● 感想を入力し，保存（送信）してください。

● 次回は「好きな動物」でやるので，お楽しみに。

▼教室の拡大モニターにワークシートを表示。

■ビンゴをしたことがない子どもが多い場合は，数字で一度練習しておくとよい。

▼このエクササイズによって，ドラッグ＆ドロップ（あるいは，コピー＆ペースト）の練習になる。

▼ここでは小学生向けにイラストを使用したが，文字で入力させるなど発達段階によって工夫する。

▼全員が終了したことを確認する。

■ビンゴにならず，がっかりしている子どもには，「先生のことを知ってもらえてうれしい」「次回もあるよ」などの声かけを行う。

■子どもたちが教師に親近感を抱くような自己開示をするとよい。

■次回を予告して期待をもたせる。

👆アレンジや事後指導

● 子どもたちが教師に親しみがもてるテーマで繰り返し行う。

● 子どもたち自身に「好きな○○」を考えさせ，発表させてもよい。

あいさつで名刺交換

─── エクササイズのねらい ───

新しい集団での友達づくりを促進する。自分の好きなものを表現する。

- -

🎯 目的：自己理解，他者理解 ／ 👥 対象：小・中・高 ／ 🕐 時間：20分×数回

👆 使用するアプリや操作

[カメラ機能] [Google ドキュメント]

①写真を撮って名刺をつくる

②ペアで紹介し合う

名前や好きなものを
書き込む

60

🖐 指導案（小学校低学年対象例）　　★：子どもの反応　　▼：操作／■：留意点

1. インストラクション

● 新しい仲間とお互いのことを知り合うために「あいさつで名刺交換」という活動をします。

● 写真を撮って名前と紹介文をひとこと入力し, 名刺をつくります。写真は顔でも大切な物でも OK です。文字は好きな色を使ってもいいですね。

● これが私の名刺です。写真は学校の花壇のサルビアです。紹介文は「みんななかよし」です。花言葉に「家族愛」という意味があるので, みんなと家族のように仲よくなりたいと思い, この名刺をつくりました。

▼ 教師がつくった名刺を教室の拡大モニターに表示して説明する。

▼ 低学年の場合, 文字も手書き入力にする。

2. エクササイズ ＜手順＞

① 自分のことを知ってもらうための写真を撮影し, 名前と自己紹介を入力して保存する。

② つくった名刺をペアで見せ合う。

■ 自分を撮影したくない子どもに配慮して, 撮影するのは自分の持ち物などでもよいこととする。

3. シェアリング

● 思ったこと, 気づいたことを交流しましょう。

★ カタツムリの写真にした。紹介するのが楽しみ。

■ 名刺の出来栄えについての感想で終わらないようにする。

2回目　名刺交換

1. インストラクション

● 今日はつくった名刺を使って自己紹介し合いましょう。

2. エクササイズ

① 4人グループになる。

② 互いに名刺の画面を見せ合い, 自己紹介を行う。

③ グループで感想を述べ合う。

■ 文字で入力したことも, 音声で表現させたい。

▼ つくった名刺はクラスの共有ドライブに入れて自由に見られるようにするとよい。

■ 印刷が可能であれば紙の名刺を交換し合ってもよい。

3. シェアリング

● 思ったことや気づいたことを発表してください。

★ 新しいクラスメイトを知ることができてよかった。

● 感想を入力し, 保存（送信）してください。

● 明日は違うグループの人と名刺交換をしますよ。

■ 今後の活動に期待をもたせたい。

🖐 アレンジや事後指導

● まとめて時間がとれる場合は, 名刺づくりと名刺交換は一連の活動にする。

座席表づくり

エクササイズのねらい

お互いに名前を呼び合いながら座席表をつくることによって，クラスメイトとの会話のきっかけをつくる。

🎯 目的：他者理解 ／ 👥 対象：小・中・高 ／ 🕐 時間：10分×数回

👆使用するアプリや操作

Google スプレッドシート

（イラスト内の吹き出し）

教 卓

座席表にみんなの名前を入力しよう まずは同じ列の人から

どんな字?

ねえねえ名前教えて

ササキリナです

知っている人を先に入力しよう

62

👆指導案（中学校1年生対象例）　　★：子どもの反応　　▼：操作／■：留意点

1. インストラクション

●新しいクラスになった仲間と互いの名前を知り合うために「座席表づくり」をします。

●私の中学校1年生のときのクラスは，学年15学級もあり，だれがだれだかわからない状態で，4月と5月を過ごした思い出があります。いまから行う「座席表づくり」で，お互い話すきっかけをつくってほしいと思います。

●画面の座席表を見てください。まず，自分の座席の箇所にフルネームを入力します。次に名前を知っている人の座席の箇所にもフルネームを入力します。

●まだ名前を知らない人には，名前を聞いたり，自分の名前を教えたりしながら，座席表を完成させましょう。今日は自分の列を含めた2列分の人の名前を聞いて入力しましょう。明日は別の列の人の名前を聞いて，明後日には座席表を完成させましょう。

▼ワークシートを教室の拡大モニターに表示して説明する。

■班や列を教師が指定し，数日に分けて完成させる。

2. エクササイズ ＜手順＞

①座席表のフォーマットを全員に配信する。

②自分の座席のマスに自分の名前を入力する。

③知っている人の名前を座席のマスに入力する。

④自席から移動して，相手の名前を聞き，入力する。

■入力の仕方はフルネーム，姓のみ，ひらがなでの入力もOKとするなど，発達段階に応じて調整する。

3. シェアリング

●感じたこと，気づいたことを互いに交流しましょう。

　★顔は知っていても名前を知らなかった人が結構いた。本人から名前が聞けて親近感がわいた。

　★初めは緊張したけれど，話ができて楽しかった。

●感想を入力し，保存（送信）してください。

●今日，記録した人の名前を覚えましょう。

■最終的に作成したものを確認する。

👆アレンジや事後指導

● 知り合いの程度によって，名前を入力させるほかに質問を用意しておく，姓は示しておいて名を入力していく，などの方法も考えられる。

● 文字入力の状況をみて，子どもたちのスキルを知る手がかりとする。

二者択一

👆 **使用するアプリや操作**

Google ドキュメント

ワークシートをタブレットに配信する

全然違うね

住むなら都会だな！

1. 夏に食べるなら
かき氷[ ]　アイスクリーム[ ]

2. 住むなら
田舎[ ]　　都会[ ]

3. 好きなのは
太陽 [ ]　　月 [ ]

4. 生まれかわるなら
もう一度同じ自分 [ ] 違う人[ ]

感じたこと, 気づいたことを
書いてください

不思議！

私も！

👆指導案（小学校高学年対象例）

★：子どもの反応　　▼：操作／■：留意点

1. インストラクション

●好みが似ている人とは気が合います。でも，私と親友は好みが正反対なんです。それでも仲がよいから不思議ですね。今日は「二者択一」という活動を通してお互いの好みを知り合いましょう。

●話す内容は例えばこんな感じです。「夏に食べるならかき氷かアイスクリームか」は，私はかき氷です。ふわふわ食感より少し粗いくらいが好きです。理由は，みんなと同じ年のころに友達と一緒に食べたことを思い出すからです。「頭がキーンとする」と言って笑い合ったのも楽しい思い出です。

●時間は5分間です。一つの項目につき1人30秒で話します。私が時間を計り「区切りのいいところで交代してください」とアナウンスします。

2. エクササイズ ＜手順＞

①ペアになる。
②ワークシートを全員に配信する。
③項目ごとに選んだものとその理由を話す（30秒交代）。
④時間になったら区切りのいいところで終了する。

3. シェアリング

●みんなに紹介したくなったことはありますか？
　★同じ答えでも理由が違って人それぞれだと感じた。
　★相手の理由を聞いて自分もそちらがいいと思った。
●感じたことを入力し，保存（送信）してください。

▼ワークシートを教室の拡大モニターに表示する。
■項目数は時間によって調整する。

■例題を使って，教師がデモンストレーションを行う。選んだ理由についてエピソードをまじえながら楽しく話す。
■人の発言を否定したり冷やかしたりしないことをルールとして明確に示し，エクササイズ中にそのような行為がみられたら即介入する。

■ストップウォッチで教師が時間を計る。

■自己理解，他者理解についての気づきに着目する。
■休み時間の話題にするなど，子どもたち同士のコミュニケーションが自発的に活発になるように促す。

第 1 2 **3** 章

👆アレンジや事後指導

● ねらいによって4～6人グループで実施することも可能。
● 事実に関するものから，感情や価値観にふれるものへと，子どもたちの発達段階に応じて項目をアレンジしていくことができる。

アドジャントーク

エクササイズのねらい

さまざまなお題を通じた自己開示で，互いのことを知り合う。ペアやグループでのリレーション形成を図る。

🎯 目的：他者理解 ／ 👥 対象：小・中・高 ／ 🕐 時間：15分

👆 使用するアプリや操作

Google フォーム

タブレットでお題を確認する

👆指導案 (高校1年生対象例)

★：子どもの反応　　▼：操作／■：留意点

1. インストラクション

● これから，お互いのことをもっとよく知るために「アドジャントーク」という活動をします。

● 4人グループになり，片手の指で0から5本までの6通りの中から選んで，「アドジャン」のかけ声で出します。数字の合計数でトークテーマを決めて話をします。10以上は一の位の数とします。合計が11だったら1のテーマについて話をします。

● まず私が話をします。この班にトークテーマを決めてもらいます。はい，アドジャン。全部たすと12なので，テーマは2の「行ってみたいところ」です。私の行ってみたいところは屋久島です。映画『もののけ姫』の舞台になったといわれる峡谷や樹齢7000年といわれる縄文杉を見てみたいです。それには険しい道を登る必要があるので筋トレで鍛えています。

● 時間は1人1分ずつです。グループで「アドジャン」を数回練習してから，本番に入りましょう。

2. エクササイズ ＜手順＞

① 4人グループになる。

② テーマシートを全員に配信する。

③ アドジャンを練習する。

④ 本番のテーマ決めアドジャンを行う。

⑤ 一番大きい数字を出した人から時計回りに順に話す（1分交代）。

⑥ 感じたこと，気づいたことを交流する。

3. シェアリング

● 感想や気がついたことをみんなに話してください。

★ 好きな映画と感動したシーンが○○さんと同じでうれしかった。もっと話がしてみたいと思った。

● 感想を入力し，保存（送信）してください。

▼ 話のタネシート（105ページ）を教室の拡大モニターに表示する。

■ シートの項目は，学年やねらいによってアレンジする。

■「アドジャン」とは，「addition（たし算）」と「ジャンケン」を合わせた造語。

■ 教師のモデリングでは，子どもが興味をもちそうな話をまじえながら，子どもたちが「このくらいの話の内容なら自分も話せる」と思える程度の自己開示を心がける。

▼ タイマー表示するか，時間計測係を指定する。

■ 初めに「アドジャン」を数回練習する。

■ 話しにくい子どもには，話しやすいテーマに変えることを許可する。

👆アレンジや事後指導

● オンラインでも実施可能。その場合は小グループに分けて実施方法を確認する。

カラーワーク

エクササイズのねらい

自分の好きな色を選んで紹介することを通して自己表現する。互いのことを知り合い，多様性に気づくきっかけにする。

🎯 目的：自己理解，他者理解 ／ 👥 対象：小・中・高 ／ ⏱ 時間：15分

👆 **使用するアプリや操作**

[Google キャンバス]

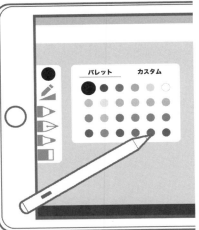

- アプリによってたくさんの色やペンを使うことができる
- 描いたり消したりも簡単なので，自由に試す機会にするとよい

✋指導案（中学校2年生対象例）

★：子どもの反応　　▼：操作／■：留意点

1. インストラクション

●画面を見てください。色には多くの種類があり，色から感じるイメージも人さまざまですね。今日は好きな色をペアの人と紹介し合う「カラーワーク」という活動をします。相手の好きな色とその人が感じるイメージを聞いて，お互いをもっと知りましょう。

▼教室の拡大モニターに教師の画面を表示して説明する。

●画面には私が選んだ色が映っています。緑色でも，ちょっと黄緑に近い色で描いた草原。この色を選んだ理由は，雪が溶けていっせいに緑になる若々しい新緑のころがとても好きだからです。和名では，深緑，黄緑，青緑，萌黄色，英語名ではコバルトグリーン，エメラルドグリーン，など，緑色一つとっても，さまざまな色合いと名称がありますね。

▼イメージを膨らませるために，教師が描いた見本を見せながら自己開示する。
■カラーパレットの使い方を説明しながら，微妙な色彩があることを教える。

●好きな色にいい悪いはありません。どうしてその色を選んだのか，相手の話をしっかり聴きましょう。

2. エクササイズ ＜手順＞

①ペアになる。
②アプリを立ち上げてカラーパレットを試す。
③各々がカラーパレットから，自分の好きな色を選ぶ。
④選んだ色を使いタブレットに簡単な絵や文字を描く。
⑤ペアで見せ合い，自分の選んだ色のイメージについて説明し合う（1分交代）。

▼何を描くかは，子どものスキルに応じて変更する。色のみの紹介でもよい。
▼ぴったりの色がないときは，近い色を選んで，言葉で補足するように支援する。

3. シェアリング

●感じたこと，気づいたことを発表してください。
　★好きな色もその理由もみんな違うんだなあと思った。
　★○○さんの好きな色が淡いピンクでキレイだった。
　　桜の季節が好きだからという理由もいいなと思った。
●感想を入力し，保存（送信）してください。

第1 2 3章

✋アレンジや事後指導

- ペアの相手をかえて繰り返し行うとよい。
- 「好きな色」を「合唱大会の曲のイメージカラー」などとテーマを変えて行う。

しりとり絵描き

非言語コミュニケーションを通して，互いにわかり合う喜びを味わう。

🎯 目的：感受性の促進 ／ 👥 対象：小・中・高 ／ 🕐 時間：15分

👆 **使用するアプリや操作**

`Google キャンバス` `あればタッチペン`

70

👆指導案（小学校低学年対象例）
★：子どもの反応　　▼：操作／■：留意点

1. インストラクション

●自分の思いが相手に伝わるとうれしいですよね。今日は言葉を使わずに相手に思いを伝える「しりとり絵描き」という活動を行います。

●ここでは絵を上手に描くことではなく，思いを伝え合うことを大切にします。人が描いた絵をからかったり，しりとりがうまく続かなくても責めません。

●まず，私が見本を見せます。例えば1人目の人がこの絵を描いたとします（と言って黒板にサルにもゴリラにも見える絵を描く）。★サル！　ゴリラかな？

●次の人が首をかしげていたら，身振り手振りでヒントを伝えましょう（胸の上をたたきゴリラのまねをする）。★ゴリラだ！

●わかったと思ったら，次に描く人は指でOK印をつくり，言葉の最後の文字から始まる絵を描きます（ラッパの絵を描く）。★ラッパだ！

●答え合わせは最後にしますね。

●時間は5分です。ジャンケンで勝った人が最初にタブレットに絵を描きます。最初の人は何を描いてもいいですよ。時計回りに行いましょう。

■上手に描くことよりも，描き手の思いを読み取る力が重要であることを確認する。
■しりとりがうまく続かなくても責めないことをルールとして伝える。例えば，みかん（最後が「ん」）の絵が描かれた場合，次の人は「か」から始めてよいなど。
■間違って伝わるのも非言語ならではの楽しさだが，絵がわからないときにジェスチャーで伝えるやり方のモデルも示し，活動が楽しくなるよう演出したい。

2. エクササイズ ＜手順＞

①4～8人グループになる。
②グループで一つのキャンバスを立ち上げる。
③順番にタブレットに絵を描く（5分）。
④絵の内容について互いに確認し，感想を話し合う。

▼グループに1台のタブレットを使用。
▼ペンの種類や色の使い方について説明する。
■グループごとに作品を発表する。

3. シェアリング

●感想や気がついたことをみんなに話してください。

　★自分の絵でわかってもらえたときうれしかったし，友達の絵が何かわかったときはやった！　と思った。

●感想を入力し，保存（送信）してください。

■楽しかったなら，その理由まで気づかせるようにする。

第
1
2
3
章

👆アレンジや事後指導

●Google ジャムボードなどのホワイトボードアプリも使用可能。

共同絵画

非言語コミュニケーションを通して，自分を表現するとともに，他者の感情を察知して一体感を味わう。

🎯目的：感受性の促進 ／ 👥対象：小・中・高 ／ 🕐時間：15分

👆使用するアプリや操作

Google キャンバス　**あればタッチペン**

👆指導案（小学校中学年対象例）　　★：子どもの反応　　▼：操作／■：留意点

1. インストラクション

●この間，ランチルームに，私が折り紙の旗を飾り付けていると，〇〇先生が「これを組み合わせると，さらにいいかも！」と，ペーパーボールを旗と組み合わせてくれて素敵な装飾になりました。仲間と協力してさらにいいものになるとうれしいですね。

■教師が仲間と協力して行った体験を語るとよい。

●これから「共同絵画」という活動をします。

●一つのタブレットの画面に，順番に少しずつ描き加えていきます。ルールは三つあります。①声を出さないこと。②黒板に示した三つの要素を絵に入れること。③友達の描いたものを生かすことです。一人一人の気持ちを汲み取るようにして，気持ちを合わせて1枚のステキな絵を完成させましょう！

■ほかの子どもが描いたものが，自分のイメージとは合わない場合でも，消したり，上から描いたりしない。エクササイズ中に，否定したり消したりする場面がみられたら即時介入する。

●時間は5分です。できれば1人2，3回順番が回るようにしてください。もしうまく描けなくても，グループの人を信じて続きをバトンタッチしましょう。

■「必ず描くもの」として数個の要素を決めておく。
例1：海，魚，船
例2：木，川，家

2. エクササイズ ＜手順＞

①4人グループになる。
②アプリを立ち上げ，操作方法を確認する。
③順番に絵を描き，作品を保存する（5分）。
④終了後，作業中に聞きたかったことを質問したり，どんな気持ちがしたか感想を伝え合ったりする。

▼グループに1台のタブレットを使用。
▼アプリの操作方法の説明。
■交代のときも話さず，次の人にジェスチャーで合図を送る。
■三つの要素が描き終わっても時間まで描きたしていく。

3. シェアリング

●作品を電子黒板に映します。グループごとに，言葉を使わず1枚の絵を完成させた感想を話してください。
　★みんなの気持ちが一つになった。
　★自分の絵を生かして付けたしてくれてうれしかった。
●感想を入力し，保存（送信）してください。

▼終了後，電子黒板に作品を映したり，ファイルを共有したりして，作品を見せ合う。

👆アレンジや事後指導

● 校種や学年に応じて，指定する要素を変えたり，要素は指定せずに自由に描かせたり，グループでタイトルを決めてから取り組む方法もある。
● イラストや写真を一つの画面に貼りこむ「共同コラージュ」もある。

いいとこさがし

―― エクササイズのねらい ――

友達に受容される体験を通して自己肯定感を高める。相手の長所を探すことで他者を肯定的に受け入れる体験をする。

⌖目的：自己理解，他者理解 ／ 👥対象：小・中・高 ／ ⏱時間：15分

👆使用するアプリや操作

カメラ機能　Googleフォト

👆指導案（小学校低学年対象例）　★：子どもの反応　▼：操作／■：留意点

1. インストラクション

●人からほめられるとうれしい気持ちになりますよね。それに，自分のよいところは，なかなかわからないものです。そこで今日は，お互いのいいところを見つけて，写真に撮って伝え合う「いいとこさがし」をします。

●相手の顔の表情，あるいは持ち物や図工作品などから，その人のいいところが見つかるかもしれません。

●画面を見てください。職員室で隣の席の〇〇先生のカバンを私が撮ったものです。だいぶ使い込んでいますね（笑）。就職祝いに親戚の叔父さんがプレゼントしてくれた物だそうです。「人も物も大事にする〇〇先生，ステキです」とメッセージを入力しました。

●撮った写真は，お互いに見せ合いましょう。

▼あらかじめ，教師が身近な人物についての写真を撮っておく。教室の拡大モニターに表示し，モデルを示す。
■友達や友達の持ち物の写真を撮る際は，相手の了解を得る。

2. エクササイズ ＜手順＞

①ペアになる。
②相手のいいところを表現できる撮影シーンを考える（顔の表情や動作，大切な持ち物，図工作品等）。
③タブレットで撮影してメッセージを入力する。
④グループで写真を相手に見せたり，撮影した理由を説明し合ったりする。
⑤相手に撮ってもらった画面を自身のタブレットのカメラで撮り，自分のフォルダに保存する。

■グループサイズは2～4人。

■事前に撮影する物を決めておくことで，ねらいが達成しやすくなる。考えさせる時間を数分とりたい。あるいは，事前に活動を予告して考えさせておく。
▼共有フォルダに保存すると，全員で見合うこともできる。

3. シェアリング

●思ったこと，気づいたことを交流しましょう。
　★私のいいところを見つけてもらってうれしかった。
　★どんな写真を撮れば〇〇さんのよいところが伝わるか，いろいろ考えた。
●感想を入力し，保存（送信）してください。

■ほかの友達のいいところも見つけたいという気持ちの高まりを促し，次の活動にもつなげたい。

👆アレンジや事後指導

●ねらいに合わせて，ペアやグループの組み合わせを工夫する。
●画像をプリントアウトして掲示すると，ほかの子の視点も知ることができる。
●動画を撮影し，いいところを実況風にスピーチしてもよい。

自分への表彰状

── エクササイズのねらい ──

自分ができるようになったこと，がんばったことを誇りにする。自分をほめることで自己肯定感を高める。

🎯 目的：自己受容 ／ 👥 対象：小・中・高 ／ 🕐 時間：15 分

👆 使用するアプリや操作

Google ドキュメント（スプレッドシートでも可）

2学期は体育委員をがんばりましたそんな自分に表彰状を送ります

体育祭盛り上がったね

いつも朝早く来てたよね

ありがとう

表彰状

〇〇立□□学校
神田ユウキ殿

あなたは，今学期，体育委員をとてもよくがんばりました。そのがんばりをたたえ，ここに表彰状をおくります。

2000年00月00日
神田ユウキ

👆 指導案（中学校1年生対象例）　　★：子どもの反応　　▼：操作／■：留意点

1. インストラクション

●自分で自分をほめたり励ましたりすると，がんばろうというエネルギーが生まれます。今日は自分をほめる活動「自分への表彰状」を行います。

●今学期を振り返り，自分ががんばったことベスト3を決めます。その中からベスト1を決めて，フォーマットに入力して自分への表彰状をつくります。

●画面を見てください。私の「がんばりベスト3」のベスト1は「クラスのみんなに寄り添おうと努力したこと」です。今学期はみなさんがどんな人かを知るために，個人ノートやワークシートの気になる言葉をメモしたりして，一人一人のことをできるだけ知ろうと努力してきました。これが自分への表彰状です。

●自分をほめることをはずかしいと思うかもしれませんが，今日は自分で自分を思い切りほめてあげましょう。

2. エクササイズ ＜手順＞

①4人グループになる。
②ワークシートを全員に配信する。
③今学期がんばったことベスト3を考えて入力する。
④ベスト3の中から一つ選び，表彰状を完成させる。
⑤できた表彰状を見せ合い，気持ちを伝え合う。

3. シェアリング

●感じたこと，気づいたことを交流してください。
　★自分がひそかにがんばっているところを知ってもらえてよかった。

●感想を入力し，保存（送信）してください。

▼事前に表彰状のフォーマットを準備する。時間があればデザインや文面も子どもたちに考えさせる。

▼教室の拡大モニターに教師のつくった自分への表彰状を表示する。

■他者の目を気にする子どもへは，ジョハリの窓（111ページ）の「自分は知っているが，他者は気づいていない自己」について説明するとよい。

■行事や日常の活動であったことを思い出させる。
■入力が進まない子どもには，その子のよかった場面を伝えたり，例を示したりして促す。

▼交流する時間がなければ，感じたこと，気づいたことを入力して保存（送信）させる。

👆 アレンジや事後指導

●「自分のがんばったことベスト3」「自分への表彰状」の後に，その内容を踏まえて後日，「自分への手紙」を書く展開につなげることもできる。

気になる自画像

エクササイズのねらい

他者からの肯定的な支持により，自己肯定感を高める。自分の気づかなかった側面について知る。

🎯 目的：自己理解 ／ 👥 対象：小・中・高 ／ 🕐 時間：45分

👆 **使用するアプリや操作**

Google スプレッドシート

グループの人の印象を表す言葉を三つ選んで伝え合う

🖑 指導案（高校2年生対象例）

★：子どもの反応　　▼：操作／■：留意点

1. インストラクション

●ほかの人から自分がどのように見えるのかを知ると，自分のよさに気づいたり，意外な一面を見つけたりすることがあります。「気になる自画像」という活動を通して，それを体験してみましょう。

●画面を見てください。私は自分のことを「1　冷静な」「3　ユーモアのある」「23　素朴な」人だと感じています。では○○さんと△△さん，私の特徴や印象を表す言葉をシートの1～25から選んでください。

●ありがとう。自分で選んだ言葉と，○○さん，△△さんに選んでもらった言葉に違いがあって驚きました。そんなふうに見てもらっていることがわかってうれしいです。

●では，みなさんにもやってもらいましょう。

▼教室の拡大モニターにワークシート（106ページ）を表示し，生徒2名を指名して，教師についてあてはまる言葉を選んでもらう。

▼発表内容は「メンバーから自分へ」のシートに入力する。

2. エクササイズ ＜手順＞

①4人グループになる。

②ワークシートを全員に配信する。

③シートにメンバーの名前を入力し，自分とメンバーにあてはまる言葉を選び，「自分からメンバーへ」と「メンバーから自分へ」の「自分のこと」の欄に入力する。

④1人ずつ，選んだ言葉をメンバー同士で伝え合う。

⑤相手から伝えられた言葉は「メンバーから自分へ」のシートに記録し，保存する。

▼VLOOKUP関数を使用して，エクセルまたはスプレッドシートでワークシートを作成すると，選択肢の番号を入力することで言葉を表示できる。

▼活動の間，言葉のリストは教室の拡大モニターに投影しておく。

3. シェアリング

●感じたこと，気づいたことを互いに交流しましょう。意外に思ったことを伝えられた人は，どう感じたか話してください。

　★「勇敢な」と3人から言ってもらえたのが意外だったけれどうれしかった。勇敢でありたいと思った。

●感想を入力し，保存（送信）してください。

■友達の選んだ言葉を信じられないと感じている子どもには，その言葉も自分の気づかない一面を示していることを伝える。「ジョハリの窓」（111ページ）を使って説明するとわかりやすい。

第1 2 3章

🖑 アレンジや事後指導

● グループをかえて繰り返し行うとよい。

● シートの言葉は学年によって変える。選ぶ数は時間や人数に応じて調整する。

1日5分の自分さがし

ふだん自分が感じていること，考えていること，やってみたいことを言葉で書くことによって見つめ直す。

◎ 目的:自己理解 ／ 👥 対象:小・中・高 ／ ⏱ 時間: 5 分（1 回目と最終日は 10 分）

👆使用するアプリや操作

Google スプレッドシート

今週のテーマ「自分さがし」

悩みがなさそうってよく言われるなぁ

今週のテーマは「自分さがし」ですどんな発見があるかな?

月曜日	火曜日	水曜日	木曜日
私は ＿＿＿＿＿から ＿＿＿＿＿と よく言われます。 そのことについて私は ＿＿＿＿＿と思っています。	私が いましたいことは ＿＿＿＿＿です。 その理由は ＿＿＿＿＿からです。	私は,いま ＿＿＿＿＿しなければいけないと思っています。 その理由は ＿＿＿＿＿からです。	私の いまの一番の楽しみは, ＿＿＿＿＿です。 それをしていると ＿＿＿＿＿気持ちになります。

金曜日に 1 週間を振り返る

指導案（中学校2年生対象例）

★：子どもの反応　　▼：操作／■：留意点

1. インストラクション

●みなさんは，日常の中で，自分の心と向き合うことは
ありますか。今日から1週間，「1日5分の自分さが
し」という活動を行い，自分の気持ちを素直に感じ
る体験をしてみましょう。

●まず気持ちを落ち着かせるために，一度目を閉じて
ゆっくりと呼吸をしてください。

●画面を見てください。このあいている部分に思い浮
かんだ言葉を入れて文章を完成させてください。私
の例を紹介します。「私は夫から細かいとよく言われ
ます。そのことについて私は，細かいことに気づくこと
は，いろいろなことを考えているからだと思っていま
す」。

●思い浮かんだことにいい悪いはありません。自分の
心の声に忠実に，自分がしっくりくる言葉で文章を完
成してください。

●終わった人は，感じたこと気づいたこと，その言葉
が浮かんできた理由などを入力してください。

▼文章を入れたスプレッドシートを使用する。
■日ごとにトピックを変えて4日間連続で入力する（定型文は前ページ参照）。

▼教室の拡大モニターに穴埋め式の未完成の文を表示する。
▼続けて，教師の見本を示しながら説明する。

2. エクササイズ ＜手順＞

①ワークシートを全員に配信する。
②空欄を埋めて文を完成させる。
②自分の思いと向き合いながら，活動を1週間続ける。

■文の作成が進まない子どもには，個別に支援する。

3. シェアリング（金曜日）

●1週間を通じて，感じたこと，気づいたことを交流し
合いましょう。

★親に説教されて嫌だなあと思っていたけど，ほんと
うは信じてほしいと思っていたことに気づいた。

●感想を入力し，保存（送信）してください。

■これまでに入力した4日間分の文章を見返す。

アレンジや事後指導

- 行事にあわせて行うなど，国語の作文指導等でも実施可能。
- 日記指導の一環として書きためることもできる。
- データを提出させ，コメントをつけて返してもよい。

ブレーンストーミング（新聞紙の使い道）

✋ **使用するアプリや操作**

Google ジャムボード（付箋）

班で意見を出し合い，代表者がタブレットに入力する

🖐指導案 (中学校1年生対象例) ★：子どもの反応　▼：操作／■：留意点

1. インストラクション

●みなさんはブレーンストーミングという言葉を知っていますか？ 「脳の嵐」という意味で，つまり「脳を猛烈に働かせる」会議法の一つです。例えば，新しい行事を考えるときなど，職員会議でもこの会議法を使って，みんなでアイデアを出し合っています。

●今日はこの会議法を使って「新聞紙の使い道」という活動をします。

●やり方を説明します。グループになり，新聞紙の使い方についてのアイデアを質より量でたくさん出し合います。コツは，深く考えず，思いついたことをどんどん発表することです。前の人のアイデアを参考にした似たような使い方でも OK です。最後，チームごとに発表してもらいます。

●どんな意見も否定しないのがルールです。時間は3分。できるだけたくさんのアイデアを出し合いましょう。

■発達段階によって説明の仕方を工夫する。

■ブレーンストーミングの四つのルール「批判厳禁，自由奔放，質より量，便乗歓迎」を発達段階によって言葉を変えて説明する。

■ほかの人と重複していてもよいので，アイデアの数をなるべくたくさん出すようにすることを強調する。

■人の意見を否定しないというルールを徹底し，活動中に否定する場面が見られたら，すぐに介入する。

2. エクササイズ ＜手順＞

①4人組になる。
②書記がアプリを立ち上げ，チームで共有する。
③アイデアを入力する（3分）。
④アイデアの数を数え，少ない班から順に発表する。
⑤一番多くアイデアが出たチームに拍手。

▼グループに1台のタブレットを使用。
■机間巡視をし，アイデアが出ないチームにヒントを出す。
■教師が時間を計り，「あと1分です」などと残り時間を知らせる。

3. シェアリング

●感じたこと，気づいたことを互いに交流しましょう。
　★ほかの人の提案からどんどんアイデアがつながった。
　★考えるのも人のアイデアを聞くのもワクワクした。
●感想を入力し，保存（送信）してください。

第 1 2 3 章

🖐アレンジや事後指導

●新聞紙以外にも，空のペットボトル，空き缶，梱包用のひも，緩衝シート（プチプチシート）など，身の回りのものでアレンジできる。
●「どんな学級にしたいか」「学校祭の出し物」など，いろいろなテーマで実施可能。

ふわふわ言葉とチクチク言葉

エクササイズのねらい

言葉が引き起こす感情に気づき，今後の行動につなげる。

🎯 目的：感受性の促進 ／ 👥 対象：小・中・高 ／ 🕐 時間：20 分

👆 **使用するアプリや操作**

Google ジャムボード

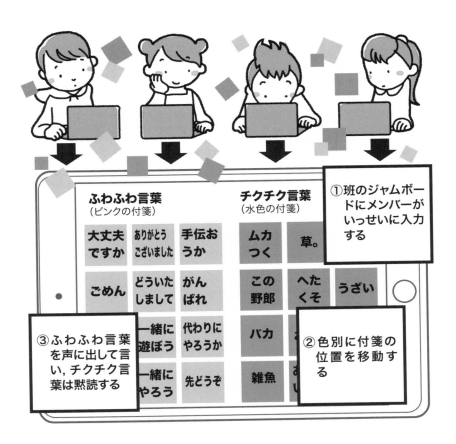

ふわふわ言葉
（ピンクの付箋）

大丈夫ですか	ありがとうございました	手伝おうか
ごめん	どういたしまして	がんばれ
一緒に遊ぼう	代わりにやろうか	
一緒にやろう	先どうぞ	

チクチク言葉
（水色の付箋）

ムカつく	草。	
この野郎	へたくそ	うざい
バカ		
雑魚		

①班のジャムボードにメンバーがいっせいに入力する

③ふわふわ言葉を声に出して言い，チクチク言葉は黙読する

②色別に付箋の位置を移動する

84

🖐指導案（小学校中学年対象例）　　★：子どもの反応　　▼：操作／■：留意点

1. インストラクション

●この前，私が妻から「壊れている本棚を修理して」と頼まれたとき，疲れていたのでつい「めんどくさいな」と言ってしまいました。それで妻は不機嫌になり，私も沈んだ気持ちになってしまいました。

●言われると元気が出たり心があたたかくなったりする言葉を「ふわふわ言葉」と言います。その反対に，言われて腹が立ったり悲しくなったりする言葉が「チクチク言葉」です。さきほどの「めんどくさい」はどちらだと思いますか？　★チクチク言葉だね。

●そうですね。反省してすぐに本棚を直しました。無事に妻の機嫌も直りましたよ（笑）。

●今日は，日常の家族や周りの人とのやりとりの中で，自分が言った言葉を振り返り，言葉と感情のつながりについて体験してみましょう。

2. エクササイズ ＜手順＞

①4人グループになる。

②自分のグループのジャムボードを立ち上げる。

③「自分が使ったことのある言葉」を思い出し，「ふわふわ言葉」ならピンクの付箋に，「チクチク言葉」なら水色の付箋に入力する（5分）。

④グループで協力し，付箋を色別に分ける。

⑤付箋のふわふわ言葉をグループで声に出して言う。チクチク言葉は黙読する。

⑥どんな気持ちがしたかを話し合う。

3. シェアリング

●感想を入力し，保存（送信）する。

　★ふわふわ言葉を言うと相手も笑顔になるし，自分の心もポカポカになること，気がつかないうちにチクチク言葉を言ってしまったことがあると気づきました。

■本エクササイズでは，言われた言葉ではなく，自分の言った言葉について振り返る。

■教師のデモンストレーションをきっかけに，行事や日常生活等で自分が使っている言葉を想起させる。

■「卒業前」「中学校生活」等のテーマを設け，より具体的な場面で言葉を考えることも可能。

▼ジャムボードをグループで共同編集できるように教師があらかじめ設定しておく。
▼ジャムボードの付箋機能を使用する。
▼教師が入力の手本を示す。
▼各グループのボードを拡大モニターに写して，作成したものを見合う（時間があれば全グループのボード）。
■子どもたちの心理的負担に配慮し，チクチク言葉は黙読とする。

🖐アレンジや事後指導

●「体育祭での」「中学校生活に向けての」など具体的な場面で考えさせる。

こころスケール

― エクササイズのねらい ―

自分の心身の状態に目を向ける。感覚を言葉にすることで，いまの自分の状態に気づき，体調管理やストレスマネジメントにつなげる。

🎯 目的：自己理解 ／ 👥 対象：小・中・高 ／ ⏱ 時間：15分

👆 使用するアプリや操作

Google ジャムボード　あればタッチペン

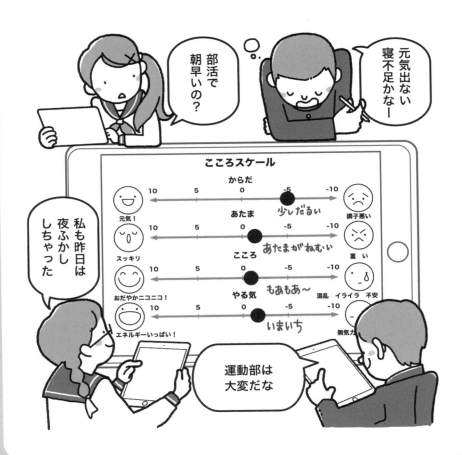

👆指導案（中学校2年生対象例）　　★：子どもの反応　　▼：操作／■：留意点

1. インストラクション

●気づかないうちに疲れやストレスがたまっていることが
　あります。今日は「こころスケール」で自分のいまの
　状態を確認してみましょう。

●1週間を静かに振り返ります。一つ一つ自分に確認
　しながら○を付けます。言葉にできるなら下の欄に入
　力します。声を出さずに自分と向き合いましょう。

●画面を見てください。私の場合は，「からだ」は腰
　を痛めて－5，「あたま」は少し重いので－5，「こ
　ころ」は通常と同じで0。「やる気」は体育祭に向け
　て意欲アップで7です。振り返ると，やる気は十分で
　すが，腰を痛め，睡眠不足で頭が重く，体調はイマ
　イチです。がんばりすぎないようにして体調を整えた
　いです。

▼教室の拡大モニターに教
　師の入力例を表示して，
　紹介しながら入力の仕方
　を説明をする。
■教師が現在の自分の状態
　を語る。目盛りに表した自
　分の状態を客観視して，
　問題があれば，その解決
　案もあわせて語るとよい。

2. エクササイズ＜手順＞

①4人グループになる。
②ワークシート（107ページ）を全員に配信する。
③1分間目を閉じて1週間を振り返る。教師による誘導
　を行う。「からだの調子はどうでしたか？　あたまの
　調子は？　こころは？　やる気は？」
④ワークシートに各自で入力する。
⑤グループで自分のスケールについて紹介する。

▼ジャムボードに，教師があ
　らかじめワークシートを貼り
　付けて配信し，そこに入力
　させるとよい。

3. シェアリング

●いまの気持ちを何人か教えてもらえますか？
　★頭がスッキリしないのは，ゲームのやりすぎだなと
　　気がつきました。
●感想を入力し，保存（送信）してください。

■マイナスが多い子どもや気
　になる子どもへは声をか
　け，相談につなげる。

👆アレンジや事後指導

●保健学習と関連づけて呼吸法（50ページ）や筋弛緩法，マインドフルネスなど
　のストレスマネジメントの練習を行うとよい。

私の感情グラフ

── エクササイズのねらい ──

自分の感情に目を向ける。感情を意識することで自分の考えや行動への気づきを促す。

🎯 目的：自己理解 ／ 👥 対象：小・中・高 ／ 🕐 時間：15分

👆 **使用するアプリや操作**

Google ジャムボード　あればタッチペン

1日の気持ちの変化をグラフにしてみよう

起床　楽しい授業　給食　つかれた　負けた！

えー言うの恥ずかしいなあ

ここすごく高いけど何があったの？

いつもどおり

落ちついてるね

指導案（中学校3年生対象例）

★：子どもの反応　　▼：操作／■：留意点

1. インストラクション

●「顔で笑って心で泣く」という言葉があります。周りには元気そうに見えていても，その人の心の中は違っているということもありますね。今日は「私の感情グラフ」という活動をします。昨日1日の自分の気持ちの動きをグラフにして，感情を見つめてみましょう。そして，ペアで紹介し合いましょう。

●まず，私の昨日1日を紹介します。朝は頭が重かったのですが，学校に来てみなさんの顔を見たら元気になりました。2限目の国語の授業にはたくさんいい意見が出てうれしくなりました。給食がカレーから変更になり気分が少し下がりましたが，その後は元気に過ごせました。夕方，1日の疲れが少し出ました。帰宅後，フィギュアスケートをテレビで見ましたが，応援していた選手が負けたのでがっかりして気分が落ち込んでしまいました。

●自分が話してもいい内容を紹介します。相手の話を黙ってしっかり聞くようにしましょう。

2. エクササイズ ＜手順＞

①ペアになる。
②ワークシートを全員に配信する。
③感情をグラフで表現する（3分）。
④ペアでグラフを紹介し合う（4分）。

3. シェアリング

●感じたこと，気づいたことを互いに交流しましょう。
　★思っていたよりも気持ちの動きがあって意外だった。
●感想を入力し，保存（送信）してください。

▼楽しいこと・うれしいことがあったときはプラスの方向へ，悲しいこと・気分が落ち込んだときはマイナスの方向に線を描く。

▼教室の拡大モニターに教師が作成したワークシートを表示する。

■子どもの学年に合わせて，感情の変化が想像しやすいようにデモンストレーションを行う。

■話したくない内容は話さなくてもいいことを示し，相手も黙って聞くことを伝える。

■3〜5人組でもよい。
▼ジャムボードにワークシートを貼り付けて配信し，そこに手書き入力させるとよい。
■描き出せない子には，少しでもうれしいと思ったことなどを思い出してみるようにアドバイスする。

アレンジや事後指導

● 「1日」のほか，「午前中」「この1週間」「この1年」「生まれてからいままで」など，いろいろとアレンジできる。

● 怒りを感じたときに注目させ，アンガーマネージメントにつなげることもできる。

いまの私は何色?

いまの気持ちを色で表現することで自分の現在の心の状態に気づくきっかけとする。

🎯 目的：自己理解 ／ 👥 対象：小・中・高 ／ ⏱ 時間：15分

👆 使用するアプリや操作

Google キャンバス　　あればタッチペン

期間をおいて何度か行い，変化を振り返る

90

👆指導案（中学校3年生対象例）　　★：子どもの反応　　▼：操作／■：留意点

1．インストラクション

●今日は，「いまの私は何色？」という活動を行います。ねらいは，いまの自分の気持ちを色で表現してみることです。

●画面を見てください。私のいまの色は，外側が水色で中がオレンジに近い黄色です。これを選んだ理由は，通勤途中に咲いていたタンポポの花を見て，雑草のようにたくましく生きたいなという気持ちがわいてきて，元気をもらったからです。

●同じ色の表現でも，そこに感じている気持ちは人それぞれかもしれません。

●紹介し合うときは，相手の話を最後までよく聞き，笑ったり冷やかしたりしないようにしましょう。

2．エクササイズ ＜手順＞

①4人組になる。

②ワークシートを全員に配信する。

③各々がカラーパレットから，自分の好きな色を選び，ワークシートの円に色を塗る。

④グループで自分の選んだ色のイメージについて説明し合う（1分交代）。

3．シェアリング

●感じたこと，気づいたことを発表してください。

　★私は受験が不安でブルー一色でしたが，○○さんは受験の不安で外側はブルーでも真ん中に希望の太陽の色を描いていました。ポジティブさを見習いたいです。

●感想を入力し，保存（送信）してください。

▼教室の拡大モニターに教師の見本を表示する。

■日常生活から感じることを自己開示しながら，子どもたちが描き方をイメージできるよう具体的に説明する。

■描いたものに子どもの無意識が現れることもある。否定する発言がないように伝える。

▼キャンバスにワークシートを貼り付けて配信し，そこに手書き入力させるとよい。
▼描画アプリの操作手順を説明する。

■終了後，気になる色や塗り方をした子どもへの声かけをする。

👆アレンジや事後指導

●朝の会と帰りの会，1週間後，行事の前後，教育相談前後など，数回に分けて入力し，時間の経過で比較すると心の変化を見つめることができる。

気持ちの整理箱

── エクササイズのねらい ──

心の中のモヤモヤを言葉にして入力し整理することで，悩みやストレス，不安に気づくきっかけにする。

🎯 目的：自己理解 ／ 👥 対象：小・中・高 ／ 🕐 時間：15 分

👆 使用するアプリや操作

Google ジャムボード 　 あればタッチペン

指導案 (小学校高学年対象例)

★：子どもの反応　　▼：操作／■：留意点

1. インストラクション

● みなさんは，うまく理由は言えないのに，イライラしたり落ち込んだり，不安になったりすることがありますか？　今日は，心に浮かんだことを取り出して整理する「気持ちの整理箱」という活動をしてみましょう。

● やり方を説明します。軽く目をつぶるか薄目をあけて，肩の力を抜き，ゆっくり深い呼吸をします。次に心に浮かんできた気になる出来事を見つめます。

● 私が浮かんだのは，「職員会議の資料ができていない。あせっているなぁ」「家に帰ったら，掃除と片づけをしなくちゃ。肩が重いなぁ」です。

● それらをこのようにワークシートの箱に整理してみましょう。私なら，「あせり，会議資料」「片づけ，肩が重い」と入力して箱に入れます。そして，これらをよくながめてどんな気持ちがするかを味わいます。

● エクササイズ中はほかの人に話しかけません。人のワークシートはのぞかないでください。

■ 目を閉じることに不安を感じる子どもに配慮する。

■ 最初に緊張をゆるめることがポイント。

▼ 教室の拡大モニターに教師の入力例を表示しながら説明する。

■ 教師が自己開示的に話してみせる。教師がややネガティブな感情を語ると，子どもも表現しやすくなる。

2. エクササイズ ＜手順＞

① ワークシートを全員に配信する。
② 深呼吸し，リラックスする。
③ 心に浮かんできた出来事と気持ちを入力する。
④ ワークシートをながめる。

▼ ジャムボードにワークシートを貼り付けて配信し，そこに手書き入力させるとよい。

▼ キーボード入力に慣れている場合は，ドキュメントやスプレッドシートで作成したワークシートを配信する。

3. シェアリング

● 感想をお話ししてくれる人はいますか？
　★ コンクールの練習がうまくいかなくてイライラしていたけれど，書いて箱に入れたら少しスッキリした。
● 感想を入力し，保存（送信）してください。

アレンジや事後指導

● 帰りの会や週の終わり，行事の前後など学級が落ち着かないと感じるときに行う。集中力を高めたいときや頭をスッキリさせ気分転換させたいときにも有効。

● 「先生に話を聞いてもらいたい」と回答した子どもを教育相談につなげる。

● 感情があふれてきた子どもには，個別に対応する。

第
1
2
3
章

夢マップづくり

───── エクササイズのねらい ─────

マインド・マップの技法を用い，自己理解を進める。また，他者の夢を聞くことで，モデルにしたり，自分らしさに気づいたりする。

- -

🎯 目的：自己理解 ／ 👥 対象：小・中・高 ／ 🕐 時間：15 分

👆 **使用するアプリや操作**

Google ジャムボード あればタッチペン

👆 指導案（小学校高学年対象例）

★：子どもの反応　　▼：操作／■：留意点

1. インストラクション

● みなさんの夢は何ですか？　今日は「夢マップづくり」という活動をして，自分の好きなものや興味のあること，なりたいものやあこがれている人を自由に入力してみましょう。新しい自分に気づくかもしれません。そして，描いた夢をペアで紹介し合いましょう。

● 私がみなさんと同じ年のころにもっていた夢は，農家になってお米づくりをすることでした。大好きだった祖父が農家だったので，一緒に居たかったのです。そこから植物や昆虫，動物，土，岩石と興味が広がりました。いまも休日は趣味で地質調査をしています。化石が出てくるなどいろんな発見があります。

● 時間は5分です。一つの夢から広げても，たくさんの夢を入力してもかまいません。つながりのある夢は線で結びましょう。

▼教室の拡大モニターに教師の夢マップを示し，実際に入力しながら説明する。
■かつて抱いた夢が現在につながっていることを示すと，説得力のあるモデリングになる。

2. エクササイズ ＜手順＞

① ペアになる。
② ジャムボードを起動し，中央に丸囲みをして「夢」と入力する。
④ 自由に夢を入力し，保存する（5分間）。
⑤ ペアで夢マップを紹介し合う（1分交代）。

■理由は省略し，なるべく単語で入力する。
■入力が進まない子どもには最初のきっかけとなる単語をサポートする。
▼タッチペンがない場合，表示サイズを変更すると入力しやすくなる。

3. シェアリング

● 感じたこと，気づいたことを互いに交流しましょう。
　★○○さんの夢は，聞いていてワクワクした。
　★なかなか夢が思い浮かばなくて大変だった。
● 感想を入力し，保存（送信）してください。

👆 アレンジや事後指導

● 時間をおいて再度マップを作成し，変化を味わうこともできる。
● 進路指導で行う場合は，夢の実現のために，いま何をすべきか入力させると，自分の将来を具体的に考えさせる契機にもなる。
● 画像やイラストを貼りこむと，より具体化され，記憶に残りやすくなる。

10年後の私

未来を意識することで，視野を広げ，自分がもつたくさんの可能性に目を向ける。

- -

🎯 目的：自己理解 ／ 👥 対象：小・中・高 ／ 🕐 時間：20分

👆 **使用するアプリや操作**

Google フォーム または Google スプレッドシート

👆指導案（中学校2年生対象例）

★：子どもの反応　　▼：操作／■：留意点

1. インストラクション

●今日は「10年後の私」という活動をします。未来の
自分をイメージして思い描いてみましょう。

●「10年後なんてわからないよ」という人もいるかもし
れませんね。今日は，実現するかどうかはおいてお
いて，「こうなっていたらいいな」「こんなふうになり
たいな」ということを自由に想像しましょう。

●私がみなさんと同じ年のころは，本を読むのが好き
で，言葉にも関心があったので，10年後は，言葉
の研究者になるか，出版社で本をつくることができた
ら楽しいだろうなと思っていました。ある日，古文の
宿題について質問してきた友達が，「○○さん，教え
るのがうまいね。学校の先生に向いているよ」と言っ
てくれて，国語の先生になるのもいいなと思ったこと
もありました。

■教師によるデモンストレーションでは，教師自身が子どもたちの年齢のときに描いていた夢や，現在からみた10年後の目標を具体的に語る。また，人との関係性の中から将来像のヒントが見えることもあることを自身の経験から語るとよい。

2. エクササイズ ＜手順＞

①4人グループになる。
②「10年後の私」を思いつくまま短い文章で入力する。
③グループで「10年後の私」を紹介し合う。
④互いの発表について関心をもったことを伝え合う。

▼キーボードを使って入力する。本実践例では Google フォームを使用。
■話したくない部分は省略してよい。

3. シェアリング

●感じたこと気づいたことをお互いに交流しましょう。
　★○○さんは，自分のことをしっかり考えていると思
　った。
　★夢に向かって今日一日を大切にしようと思った。
●感想を記入し，保存（送信）してください。

▼Google フォームを使用した場合は，エクササイズ終了後に入力内容を送信する。

第
1
2
3
章

👆アレンジや事後指導

●ペアで始め，小グループでの活動へと広げてもよい。
●「夏休み後の私」「半年後の私」「3年後の私」等，テーマを変えて行ってもよい。

竹の節目，私の節目

───── エクササイズのねらい ─────
学校生活の節目（卒業）に向けて，なりたい自分をイメージして自分像を
つくる。目的地から現在を見つめ，「いまできること」を考える。

🎯目的：自己理解 ／ 👥対象：小・中・高 ／ 🕐時間：20分

👆**使用するアプリや操作**

Google スプレッドシート または Google フォーム

指導案（中学校2年生対象例）

★：子どもの反応　　▼：操作／■：留意点

1. インストラクション

● 竹はたくさんの節目があるおかげで折れにくいのです。今日は「竹の節目，私の節目」という活動をします。画像は1年生のときのみなさんです。中学入学は一つの節目です。当時といま自分が成長したと思う部分を考えてみましょう。

● 次にみなさんの節目となる卒業時にどうなっていたいか，3年生の姿を参考に自分像を描いてみましょう。

● 私は中学でバスケ部に入りましたが，レギュラーになれそうもなく退部も考えました。でも補欠だった先輩が試合で人一倍応援している姿に感動して，体育祭では応援団長になりました。バスケは3年間補欠でしたが，卒業式に仲間から「応援最高だったよ」と言ってもらえてうれしかったです。このときについた応援する力は私の財産になっています。

● 参考にしたい先輩の姿，自分のいいところにも注目して卒業時の理想像といますべきことを考えましょう。

■ 竹の現物か画像を表示して説明するとわかりやすい。
▼ 1年生のころの写真や動画を映す。

▼ 上級生の写真や動画（生徒会，行事，部活，昨年の卒業式等）を映す。
■ 教師自身の体験を話して，モデルをもつ意義を伝える。具体的な目標といますべきことが考えられるようなエピソードトークが望ましい。
■ 上級生で具体的なモデルが見あたらない場合は，身近にいる年上の人などでもよいこととする。

2. エクササイズ ＜手順＞

① 4人組になる。
② 1年生のときの自分たちの姿を写真や動画で見る。
③ 3年生の姿を写真や動画で見る。
④ 自分が成長したところや感想を数名に聞く。
⑤ 卒業時の姿をイメージし，なりたい自分像と理想に向かっていまやるべきことを，各自で入力する（5分）。
⑥ グループで発表し合う。

▼ 写真や動画は，拡大モニターに表示する，画面共有する，学校のHP等から見るなどの方法がある。

3. シェアリング

● 感じたこと，気づいたことを互いに交流しましょう。
　★ 自分のめざすものがはっきりして，そのためにいま自分ができることが具体的に考えられた。
● 感想を入力し，保存（送信）してください。

▼ Google スプレッドシートに短い文で思いつくままに入力する。
▼「10年後の私」（96ページ）の要領でGoogle フォームを使用することも可能。

アレンジや事後指導

● 時期に応じて，設定（節目の時期やインストラクションなど）を工夫する。

○年△組が最高!

── エクササイズのねらい ──

それぞれが感じている学級の印象を肯定的に伝え合う。互いの見方を知ることで自己肯定感・所属感が高まり,次へ向かう心のステップとなる。

🎯目的:他者理解,信頼体験 / 👥対象:小・中・高 / ⏱時間:15分

👆使用するアプリや操作

Google ジャムボード

①班ごとにクラスのよいところをジャムボードに入力していく

②班のジャムボードを見せながら全体に発表する

👆指導案（高校2年生対象例）

★：子どもの反応　　▼：操作／■：留意点

1. インストラクション

●このクラスのみんなと過ごす日も残り少なくなりました。そこで今日は「〇年△組が最高！」という活動を行います。1年間を振り返り、このクラスのよいところをたくさん思い出してみましょう。そして、このクラスでよかったと思うことをみんなと共有しましょう。

●まず、個人作業です。思い浮かんだ言葉を順番に入力していきます。その後グループで共有します。

●ぴったりの表現が思い浮かばなくても、あとで説明できるので、どんどん入力していきましょう。

▼入力するファイルは教師が準備し、全員が共有可能な状態にする。

■自由な発想を妨げないよう、デモンストレーションはあえて行わないか、教師の学生時代のクラスをモデルにするなど工夫をする。

2. エクササイズ＜手順＞

①4人組になる。
②班のジャムボードを開き、1分間、各自でクラスのよいところを入力する（付箋やテキストボックスを使用）。
③入力済みのジャムボードを見ながら班で語り合う。同じ意見が多かった言葉を代表者がまとめる。
④グループごとに多く出た意見を全体発表し、共有する。

▼学級人数が少ない場合には、クラス全体でジャムボードを共有してもよい。
▼共同編集の場合、相手と同じ位置に入力しようとするとうまくいかない場合があることを説明する。

3. シェアリング

●感じたこと、気づいたことを互いに交流しましょう。
　★みんなが同じことを感じていてうれしくなった。
　★このクラスでよかったと思えた。
●私が感じたこのクラスのよいところは「助け合い」です。周りに声をかけ合い、助け合う場面が多く見られました。そんなときはとてもうれしくなりました。
●感想を入力し、保存（送信）してください。

■教師の言葉が「正解」になってしまい、子どもたちの活動を妨げないよう、活動後に教師の思いを伝えてエンパワーメントするとよい。

👆アレンジや事後指導

- グループで話し合いながら入力していく方法も可能。
- 具体的な言葉が出にくいときは言葉リストを準備してヒントにすることもできる。
- 「先生とビンゴ」の要領で、全体でビンゴを行ってもよい。

別れの花束

── エクササイズのねらい ──

クラス替えや卒業の節目に，互いのよさや感謝の思いを伝え合う。他者に対する肯定的な見方を育て，あたたかな心のふれあいを体験する。

🎯 目的：他者理解，信頼体験 ／ 👥 対象：小・中・高 ／ ⏱ 時間：45 分

👆 使用するアプリや操作

Google キープ（メモ機能）

①グループの人にメッセージを入力

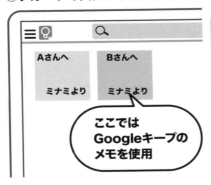

ここでは
Googleキープの
メモを使用

②教師の合図でメッセージを送る

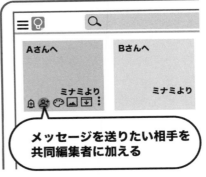

メッセージを送りたい相手を
共同編集者に加える

③自分に届いたメッセージを読む

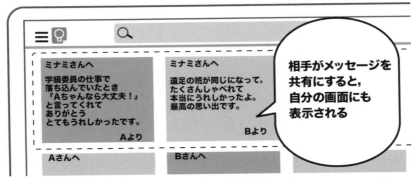

ミナミさんへ

学級委員の仕事で
落ち込んでいたとき
「Aちゃんなら大丈夫！」
と言ってくれて
ありがとう
とてもうれしかったです。

Aより

ミナミさんへ

遠足の班が同じになって，
たくさんしゃべれて
本当にうれしかったよ。
最高の思い出です。

Bより

相手がメッセージを
共有にすると，
自分の画面にも
表示される

Aさんへ   Bさんへ

※メモの色やデザインを変える，手描きにする，写真を貼る，声のメッセージを録音するなどの工夫も可能

👆指導案（小学校6年生対象例）　　★：子どもの反応　　▼：操作／■：留意点

1. インストラクション

●みなさんは，このクラスで過ごした1年間のさまざまな活動を通して，お互いのよさに気づいたと思います。今日は，自分が見つけた友達のよさと友達が見つけてくれた自分のよさを集めて，あたたかな言葉の花束にして贈り合いましょう。

●画面を見てください。私が贈りたい言葉の例を上げました。「〇〇さん，元気なおはようをありがとう。いつも笑顔がステキでした」「〇〇さん，"うっかり"の多い先生を助けてくれてうれしかった」

●入力したメッセージは，最後に贈りましょう。

2. エクササイズ ＜手順＞

①4人グループになる。

②メモアプリを開き，友達のよさを1枚に一つずつ入力する（グループ全員に1〜2枚。区別しやすいよう相手ごとにメモの背景の色を変える）。

③入力後，教師の合図でメモを相手に送信する。

⑤自分に贈られた内容を読む。

⑥友達が見つけてくれた自分のよさを順に話す。

3. シェアリング

●感じたこと，気づいたことを交流しましょう
　★〇〇さんが私のよさを伝えてくれてうれしかった。
　★友達が私を見てくれているんだと思った。

●贈られたメモは大切に保存しましょう。

●感想を入力し，保存（送信）してください。

■実施時間とねらいに合わせ，グループの人数・メモの枚数は調整する。

■全員に肯定的な言葉が行き渡るように配慮する。

■よさを想起しやすいようにヒント（行事，児童会・生徒会活動，当番，授業の様子など）となる場面を例示する。

▼教室の拡大モニターに入力方法と例を示す。

▼この例では Google キープを使用。

▼この活動で作成したメモに「ありがとう」等のラベルを付けておくと，その後の管理がしやすい。

▼相手を「共同編集」に加えることで，メモが送信される。相手のアカウントの入力が必要なため，名前からアドレスに簡易変換できるようにしておくとよい（113ページ）。

第
1
2
3
章

👆アレンジや事後指導

● エクササイズ終了後，メモ画面は印刷して配布してもよい。

● 時間に余裕があれば，学級全体に発表したり，子どもたちが教室内を移動して互いのタブレット画面を見合ったりしてもよい。

● Google スプレッドシートに入力し，教師が確認してから渡す方法や，1人1枚のジャムボードをつくりメッセージを入力していく方法もある（41ページ）。

COLUMN
03
タブレット画面を通して行う
「エアーアウチ」

　人差し指と人差し指の先をふれあわせてあいさつする「アウチ（※）でよろしく！」というエクササイズを，オンライン会議システムを使って，タブレットの画面を通して行います。この方法は，感染症対策として身体接触を介さずにリレーションをつくるときや，身体接触が苦手な感覚過敏の子どもの対応としても有効です。

〔やり方〕

①タブレット画面で全員の顔が見える状態（ギャラリービュー）にする。

②視線がカメラ越しに合うようにカメラを見る。

③カメラに向かって人差し指を出し，参加者全員の顔が見える状態で声を揃えて「ア・ウ・チ」と言う。

〔留意点〕

・時差があるため全員で声を揃えるのにはコツがいります。指揮者のようにゆっくり動作をつけて言いましょう。

・自分の顔を映したくない子どもに配慮し，ほかの画像（風景や好きな物，ペット等）でもよいことを事前に伝えましょう。

・同室内でいっせいに声を出す場合，ハウリングが起きないように，事前に全員のタブレットをミュート設定にしておきます。

・オンライン会議システムでは１画面に映る人数に制限があり，クラス全員分の顔が映らない場合もあるため，事前に確認してください。クラス全員が無理であればグループごとに行うなど，人数の設定を変えて実施しましょう。

※「アウチ」の名称は，映画『E.T.』のクライマックスシーンで少年と宇宙人が人差し指と人差し指を合わせて「いつまでも君の心に……」と友情を誓うシーンで「アウチ」という言葉を使ったことに由来します。

アドジャントーク　話のタネシート

数字 一の位		話のテーマ	チェック
0	①	いま欲しいもの	
	②	自分の苦手な食べ物	
1	①	自分の右側の人のいいところ	
	②	自分の好きな食べ物	
2	①	行ってみたいところ	
	②	将来の夢	
3	①	一番好きな動物	
	②	自分のいいところ	
4	①	好きな芸能人	
	②	尊敬している人	
5	①	好きな言葉	
	②	先生についてひとこと	
6	①	このクラスのいいところ	
	②	小さいころの失敗談	
7	①	好きなテレビ番組，ドラマ	
	②	世の中に言いたいこと	
8	①	面白かったマンガ，アニメ	
	②	飼ったことのある動物か育てたことのある植物	
9	①	私の得意なこと	
	②	最近ほめられたことかうれしかったこと	

※合計10以上は一の位の数とします。
※まず①を行います。繰り返し行う際に，同じ人のところで同じ数字が出たときには②を行います（①または②としてもOKです）。
※答えたくない質問はパスしてもかまいません。

感じたこと，気づいたことを入力しましょう。

年　　組　　名前

※各集団の実態に合わせて話のテーマを設定してください。

気になる自画像

自分からメンバーへ

メンバー1
（　　）さんから

メンバー2
（　　）さんから

メンバー3
（　　）さんから

メンバー4
（　　）さんから

メンバーから自分へ

自分のこと

メンバー1
（　　）さんから

メンバー2
（　　）さんから

メンバー3
（　　）さんから

メンバー4
（　　）さんから

1	冷静な
2	誠実な
3	ユーモアのある
4	気どらない
5	やさしい
6	理性的な
7	公平な
8	敏感な
9	勇敢な
10	個性的な
11	あたたかい
12	静かな
13	まじめな
14	親切な
15	思いやりのある
16	エネルギッシュな
17	頼りになる
18	明るい
19	正直な
20	活発な
21	注意深い
22	社交的な
23	素朴な
24	愛想のよい
25	心が広い

感じたこと，気づいたことを入力しましょう。

年　　　組　　　名前

※各集団の実態に合わせて「特徴や印象を表す言葉」を設定してください。

こころスケール

　最近，あなたはどんな調子ですか？

　からだは元気ですか？　あたまはスッキリしていますか？　こころはどんな感じでしょう？　勉強や活動，いろいろなことへのやる気はわいてきますか？

　ここ1週間を振り返り，あなたの「からだ」「あたま」「こころ」「やる気」についてどんな状態だったか確認してみましょう。そして，「どんな調子かな」と自分に聞いてみて，いまの状態を言葉にできるようだったらスケールに書き込んでみましょう。

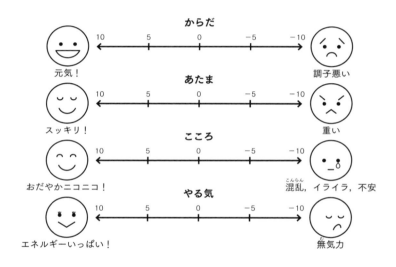

<table>
<tr><td>感じたこと，気づいたことを
入力しましょう。

　年　　組　　名前</td></tr>
</table>

記入例

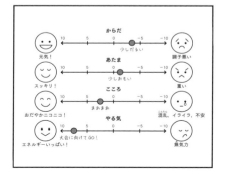

第

1

2

3

章

タブレットでふれあうエンカウンター **Q&A**

Q1 本書のエクササイズを行うにあたって，
タブレットのどんな機能が使えますか？

A 1章3節（29ページ）を参照してください。①課題の提示と回収，
②撮影，③文字や絵の入力，④いっせいに行う自由度の高い入力，
⑤ファイルの保存や共有などを紹介しています。

操作に慣れてきたら，自由な発想で実践を重ね，使える機能を増や
していってください。

Q2 タブレットで SGE を進める際に
どんなことに気をつけたらよいでしょうか？

A 慣れるまでは事前の準備やリサーチが大切です。端末の準備，ファ
イルの送信，子どもたちのレディネス（アプリケーションが入っ
ているか，操作にどのくらい習熟しているかなど）も把握しておきま
しょう。

SGE の展開にあたっては，子どもたちの活動の様子やふれあい，抵
抗を示す子どもへの配慮など，通常の SGE と注意事項は同じです。
1章2節（18ページ）を参照してください。加えて，タブレットを使っ
た SGE では，教師がタブレットを使うことに注力してしまい，子ども
たちの様子を見逃してしまわないよう注意が必要です。また，操作に
手間取る子どもに意識が行きがちですので，全体を見渡すことや子ど
もたちの非言語のメッセージに注意を払うことを意識しましょう。当
然のことながら，振り返りシートには必ず目を通し，気になる子ども
には声かけをしましょう。

機器や回線状況によるトラブルに備えて，時間に余裕をもって進め
るようにしてください。ほかの先生の応援体制も組めるとより安心です。

Q3 15 分程度のエクササイズでは，シェアリングをする時間がとれません。シェアリングはしなくてもよいですか?

A 「シェアリングのない SGE は SGE に非ず」とまで言われるほど，シェアリングは SGE に必須の活動です。シェアリングまで含めた時間の確保をしましょう（24 ページ）。

話し合うだけではなく，シートに書き込んだものを学級通信やスプレッドシートで共有することも有効なシェアリングです。工夫して行ってください。

また，タブレットを使うと，話す・書く以外の表現方法もいろいろと工夫が可能になります。例えば，イラストで感情を示してから理由を言う，色や字体で気持ちを表現するといったこともできるでしょう。習熟度や子どもの言語表現の発達段階に合わせて工夫してください。

Q4 タブレットに慣れさせるために，授業時間以外もふれさせています。タブレットに集中してしまい，実際の人間関係づくりがおろそかになっているような気がします。

A 家庭でもパソコンやスマートフォンを触っている時間が長くなり，人と人が直接ふれあう時間が減ってきています。学校でも子どもたちのふれあい体験の減少と人間関係の希薄化が，教育の今日的課題になっています。

だからこそ，あたたかく受容的で自由な人間関係のなか，ホンネとホンネの交流を通して，自他発見やものの見方の修正を目的とする SGE が求められているのです。

新型コロナウイルス感染症対策で長期の休校や自宅待機になったとき，多くの子どもたちは，友達に会いたい，人とつながりたいと感じ，リアルな交流の意欲が高まりました。タブレットの使い方を学びながら人間関係づくりができるタブレット SGE は，タブレット操作に集中しがちな子どもたちにこそ，ぜひ行ってほしい活動なのです。

Q5 タブレットを使った SGE に参加したくない子どもへは
どのように対応したらよいでしょうか?

A 「参加したくない」とホンネを表明できたことに焦点を当て，それ
を大事にします。活動を無理強いして「強制的」グループエンカ
ウンターにならないようにしましょう。

　もし参加したくない理由を表明できるようならそれを聞き，柔軟に
対応します。例えば，操作に自信がないならサポートをつけ，発表が
苦手で聞き役だけであれば OK ならその場にいて聞き役をします。役
割分担の中で，時計係等，エクササイズの補助係にするなどの役割を
与えるのもよいでしょう（26 ページ）。

Q6 タブレット操作が苦手で SGE の参加に手間取る子どもがい
た場合，どのように援助したらよいでしょうか?

A タブレット操作の習熟度合いにより，エクササイズの実施にかか
る時間は変化します。初めは時間に余裕をもって計画するとよい
でしょう。ほかの先生の応援体制も組めるとより安心です。

Q7 人前で手をあげて発言するには勇気が必要な子どもが，
タブレット上では発言しやすくなる工夫はありますか?

A テキスト入力したもの（書いたもの）を共有すると，発語のプレッ
シャーから解放されて意見を伝えられる子どもが見受けられるこ
とがあります。ゆっくり考えて入力するように促すとよいでしょう。

　また，グループや学級の前で発表することがむずかしくても，教師
と一対一なら伝えられる子どももいます。

　タブレットの使用で「発表」のバリエーションが増えます。個に応
じた発表の仕方を工夫してください。

Q8 配慮が必要な子どもたちに SGE を行ううえでの留意点を教えてください。

A 発達の凸凹，場面緘黙，教室外からの参加など，個に応じた配慮が必要なケースでは，その子が安心して参加できるペアやグループになるように，あらかじめグループをつくっておくことが大切です（23 ページ）。

どの子も楽しく参加できるエクササイズの選定や構成を工夫するとともに，活動のねらいや内容について事前に子どもに説明し，参加に対する不安などがあれば，それを確認しておくことも必要でしょう。

ほかの教員や支援員（学びサポーターなど）の応援を頼み，グループに入ってもらう必要が出てくることもあります。教科担任や副担任などは，クラスの状態を学級担任に聞くなどして，子どもたちの様子を把握しておきましょう。

Q9 エクササイズの留意点（77, 79 ページ）にある「ジョハリの窓」とは何ですか?

A 「ジョハリの窓」とは，人間の性格構造を四つの窓で表したモデルです。四つの窓とは，①自分も他者も知っている自分，②自分ではわからないが他者は知っている自分，③自分だけが知っている自分，④自分も他者も知らない自分。好ましいのは「自他にオープンな領域」が SGE 体験によって広がることです。それぞれのエクササイズによって，どの窓が拡大するのかをイメージすると，ねらいが理解しやすくなります。

COLUMN
##

これいいね！
アプリやタブレットの便利な使い方

■ Google フォームをワークシートや振り返り用紙の代わりに

これまでは，子どもたちから集めた紙のワークシートや振り返り用紙を，その場でパラパラとめくりながら確認したり，その場でいくつかを取り上げて子どもたちに紹介したりすることができたのに，タブレットだとそれがうまくいかずに困ることがあります。

そのような場合，ワークシートの回答や感想を Google フォームの自由記述欄に入力して，教師に送るようにしてみてください。すると，教師は子どもから送信された内容をその場で一覧として見ることができ，ファイルを一つずつ開いて確認する手間を省略できます。

なお，Google フォームは WEB 上に作成されるため，子どもたちに URL を知らせる必要があります。Google クラスルームを通じてリンクを知らせるようにすると便利です。

■アプリ選びの目安

アプリ選びは，エクササイズで子どもが使う入力方法によって優先順位を考えるとよいと思います。①白紙に絵を描く，たくさんの色から選んで使う場合は「ペイント系のアプリ」。②自由なレイアウトでアイデアを書く，付箋のように書いたものを自由な位置に貼り付けたりあとから動かしたりする場合は「ホワイトボード系のアプリ」。③文字中心で，子どもが入力する分量も多めな場合は「ワープロアプリ」。④表形式や穴埋め式が多い場合は「表計算アプリ」。⑤タブレットの使い方やエクササイズの手順を説明する資料など，子どもたちへの掲示物の作成には「プレゼンテーションアプリ」。

ところで，教師の作成した紙の教材は，スキャンするだけでもタブレットに取り込むことが可能になります（スキャンした JPEG や PDF のファイルをアプリに取り込むことでさらに活用の範囲が広が

ります）。同様に，子どもの書いたノートや紙のワークシートを写真に撮ると，タブレットに取り込んで使うことが可能になります。発想を柔軟に，無理のないところから始めてみましょう。

■共同編集のアカウントをラクラク入力——ユーザー辞書の活用

アプリの操作に慣れてきたら，共同編集の機能を使ってみましょう。共同編集では，相手のアカウントを入力する手間が，活動の一つのハードルになってしまう場合があります。そこで，相手の名前をひらがなで入力するだけでメールアドレス（アカウント）に自動的に文字変換されるようにしておくと便利です。以下にユーザー辞書への登録方法を簡単に紹介します。

①教師のタブレットにユーザー辞書を作成する。

②辞書ファイルをエクスポートして CSV ファイルにする。

③クラスルームから辞書ファイルを子どもたちと共有する。

④拡大モニターで教師が手順を説明しながら，子どもたちが自分のタブレットにインポートする。

■ Google のジャムボードとキャンバス，どっちを使う？

Google キャンバスは，手書き入力に特化した非常にシンプルなペイント系アプリで，カラーパレットの色数も豊富です。本書では「カラーワーク」（68 ページ），「しりとり絵描き」（70 ページ），「共同絵画」（72 ページ）で使用しています。

Google ジャムボードは，手書き入力とキーボード入力をバランスよく使うことができ，共同編集も可能で，一度に 20 枚のフレームを自由に行き来することができます。本書では，「ブレーンストーミング」（82 ページ），「ふわふわ言葉とチクチク言葉」（84 ページ），「○年△組が最高！」（100 ページ）などの付箋を使ったエクササイズや，「こころスケール」（86 ページ），「私の感情グラフ」（88 ページ）など，ワークシートに手書き入力するエクササイズに使用しています。

◆引用・参考文献

◇序
國分康孝（2018）．構成的グループエンカウンターの理論と方法．図書文化社．2, 8-9.
◇第１章
國分康孝・國分久子総編集（2004）．構成的グループエンカウンター事典．図書文化社．
◇第２章
諸富祥彦（2000）．自分を好きになる子を育てる先生．図書文化社．122-126.
藤原忠雄（2006）．学校で使える５つのリラクセーション技法．ほんの森出版．12-17
（本書：「呼吸法」で集中力アップ）．
◇第３章
國分康孝・國分久子総編集（2004）．構成的グループエンカウンター事典．図書文化社．
　「Ｘ先生を知るイエス・ノークイズ」340／「二者択一」360／「しりとり絵かき」
　492／「共同絵画」490／「いいとこさがし」408／「自分への手紙」434（本書「自
　分への表彰状」）／「気になる自画像」442／「ブレーンストーミング」392／「ふわ
　ふわ言葉とチクチク言葉」476／「10年後の私」464／「竹の節目 私の節目」466／
　「別れの花束」500／「アウチでよろしく！」348（本書：エアーアウチ）／「ジョハ
　リの窓」674.
國分康孝監修（1999）．エンカウンターで学級が変わる　ショートエクササイズ集．図
書文化社．
　「先生とビンゴ」54／「１日５分の自分さがし」190／「私の感情グラフ」196／「気
　持ちの整理箱」202／「夢マップづくり」192／「〇年△組が最高！」150.
國分康孝監修（2001）．エンカウンターで学級が変わる　ショートエクササイズ集
Part２．図書文化社．
　「あわせアドジャン」122（本書：アドジャントーク）／「カラーワーク」36／「心の
　色は何色ですか？」126／「いまの私は何色？」146.
國分康孝監修・岡田弘編集（1996）．エンカウンターで学校が変わる 小学校編．図書文
化社．「あいさつゲーム」102（本書：あいさつで名刺交換）．
小林昭文（2004）．担任ができるコミュニケーション教育　中高生用プログラムとシナ
リオ例．ほんの森出版．「座席表づくり」20.
大竹直子（2008）．自己表現ワークシート２．図書文化社．「こころスケール」50.
◇ ICT に関する資料
イーディーエル株式会社（2020）．今すぐ使える！　Google for Education：授業・校務
で使える活用のコツと実践ガイド．技術評論社．
清水理史＆できるシリーズ編集部（2021）．できる　Microsoft Teams for Education
すぐに始めるオンライン授業．インプレス．
樋口万太郎（2021）．GIGA スクール構想で変える！　１人１台端末時代の授業づくり．
明治図書．
Google GIGA School（最終閲覧2021年９月17日）．はじめよう！　私たちのこれからの
学び Google for Education の使い方ブック．https://services.google.com/fh/files/misc/
gfe_book_es.pdf.

あとがき

　2020年のコロナ禍，私たち北海道カウンセラー協会では，ICT に強いメンバーを中心に休校時でも行えるオンライン SGE に挑戦し，冊子刊行や動画配信などを行ってきました。そこで，「タブレットを活用した SGE の本の制作を」と白羽の矢が立ち，本書の企画が持ち上がったのは今年（2021年）3月下旬のことでした。

　私自身は，1月から，すでに決まっていた行事の隙間に組まれた ICT の校内研修会に参加しました。「Chromebook はこうすればできますよ」と講師の方に言われるままに操作して終わり。1週間もすれば，すっかり忘れてしまっている自分がいました。そして4月から学校現場では，「タブレットを使え」の波が押し寄せた感があります。

　授業にかける準備もままならない状態で，とりあえず何とか SGE を実践しながらまとめていく形で進めたのが本書です。ですから，読者のみなさんには，本書をたたき台にして「もっといい方法がある」「こんなやり方もある」というぐあいに使っていただければと思います。本書が ICT を活用した SGE の実践を推進するきっかけになれば，私たちも苦労してつくった甲斐があるというものです。

　本書の作成にあたり，図書文化社の福富泉社長をはじめ，編集部の渡辺佐恵さん，柴田好葉さん，フリー編集者の辻由紀子さんには，企画から編集までの作業と多くの示唆をいただきました。また，本書の執筆者は，北海道と青森の教育カウンセラー協会での SGE 普及活動の中で出会った方々です。そして，大元にあたるのは，SGE の源流をつくった故國分康孝先生と國分久子先生です。大学時代，両先生との出会いから始まり，そこから多くの方との出会い，〈ふれあい〉の中で，本書が出来上がったとつくづく感じます。

　最後に，SGE や講義を終えるときの國分先生のいつものひとことで本書を締めようと思います。

　「仲間同志に感謝の意味を込めて，ありがとうございました」

2021年　東京オリンピック開催の夏に

編著者を代表して　瀬尾尚隆

分担執筆者

大浦久美子（おおうら　くみこ）

函館市南北海道教育センター相談員
「別れの花束」（102ページ），「実践者の声3」（46ページ）

真鍋孝徳（まなべ　たかのり）

北海道札幌琴似工業高等学校教諭
「X先生を知るイエス・ノークイズ」（56ページ）

山田もと子（やまだ　もとこ）

千歳市立向陽台小学校教諭
「あいさつで名刺交換」（60ページ），「いいとこさがし」（74ページ），
「実践者の声4，5」（47，48ページ）

吉田綾太（よしだ　りょうた）

旭川藤星高等学校教諭
「気になる自画像」（78ページ）

和田可矢毅（わだ　かやき）

青森市立泉川小学校教諭
「ふわふわ言葉とチクチク言葉」（84ページ），「10年後の私」（96ページ），
「実践者の声1，2」（44，45ページ）

和田大志（わだ　たいし）

北海道雨竜高等養護学校教諭
「二者択一」（64ページ），「しりとり絵描き」（70ページ），
「共同絵画」（72ページ）

※以上，2021年9月現在（五十音順）

編著者紹介

大友秀人（おおとも　ひでと）

北海商科大学教授。青森明の星短期大学客員教授。北海道大学卒業，筑波大学大学院修了。博士（心理学）。NPO日本教育カウンセラー協会副会長。北海道・青森教育カウンセラー協会代表。日本教育カウンセリング学会理事。上級教育カウンセラー。ガイダンスカウンセラー。おもな著書：『不登校の予防と対応』（編著），『エンカウンターに学ぶグループ学習10のスキル』（共著），『構成的グループエンカウンター事典』（編集），『対話のある授業　教育カウンセリングを生かした授業づくり』（編集）以上，図書文化社。ほか多数。
【本書担当】全体編集，執筆：まえがき

瀬尾尚隆（せお　なおたか）

札幌市立西岡中学校教諭。東京理科大学卒業。北海道教育大学大学院修了。修士（教育学）。北海道教育カウンセラー協会理事。北海道ガイダンスカウンセラー会事務局長。上級教育カウンセラー。ガイダンスカウンセラー。おもな著書：『構成的グループ・エンカウンター』（分担執筆）誠信書房，『構成的グループエンカウンター事典』（分担執筆），『教師のコミュニケーション事典』（分担執筆）以上，図書文化社。『教育カウンセリングとイノベーション』（編著）三恵社など。
【本書担当】全体編集，執筆：1章3節・4節，3章3節　座席表づくり，カラーワーク，自分への表彰状，1日5分の自分さがし，竹の節目，私の節目，あとがき

吉田ゆかり（よしだ　ゆかり）

元養護教諭。学校法人北照高等学校スクールカウンセラー。医療法人社団ほっとステーション　大通公園メンタルクリニック心理師。北海道教育大学卒業，北海道教育大学教職大学院修了。北海道教育カウンセラー協会事務局長。公認心理師。上級教育カウンセラー。ガイダンスカウンセラー。おもな著書（分担執筆）：『教育実践者のための調査研究入門』，『教育カウンセリングで徹底サポート！不登校の予防と対応』以上，図書文化社など。
【本書担当】全体編集，執筆：序（共著），1章2節，2章1節（共著），2章3節　実践者の声2（共著），3章3節　先生とビンゴ，ブレーンストーミング（新聞紙の使い道），こころスケール，いまの私は何色？，気持ちの整理箱，3章3節，Column 1，2，3

伊藤友彦（いとう　ともひろ）

北海道上磯高等学校教諭。北海道教育大学大学院修了。北海道教育カウンセラー協会事務局，コロナウイルス予防ワーキンググループ（CVPWG）事務局長。中級教育カウンセラー。スペシフィックSGEアドバイザー。防災士。専門は理科（地学）。高等学校の授業においておもに構成的グループエンカウンターのショートエクササイズの実践に取り組む。
おもな著書（分担執筆）：『教育カウンセリングで徹底サポート！不登校の予防と対応』図書文化社。
【本書担当】全体編集，執筆：序（共著），1章1節，2章1節（共著）・2節，3章3節　アドジャントーク，私の感情グラフ，夢マップづくり，〇年△組が最高！

書籍サポートページの紹介

本書『タブレットでふれあうエンカウンター』のエクササイズで使用しているワークシート等の教材データを，サポートページからダウンロードすることができます。詳細は以下のページからご確認ください。

※図書文化社 HP の「教育図書＞サポート情報」からもアクセスできます。

Q http://www.toshobunka.co.jp/books/tablet/tablet.php

Q パスワード **sgefureai**

【ご利用条件】
・本書の購入者（個人）が，児童生徒へエクササイズを実施する目的において使用できます。
・教材の内容や表現は，子どもの年齢や実施のねらいにあわせて十分に検討を行ったうえ，授業者の責任において使用してください。
・サポートページで提供するファイルは，Google chrome OS 上での使用を前提に作成したものですが，動作を保障するものではありません。必ず授業等の実施前に，実際に利用する環境でお試しください。
・タブレットの操作やアプリの使い方に関するご質問について，著者ならびに出版社でお答えすることはできません。
・ファイルを無断で公開・再配布することを禁じます。

教育エクレ

タブレットでふれあうエンカウンター

2021年10月20日　初版第1刷発行　［検印省略］
2024年9月1日　初版第4刷発行

編 著 者　　大友秀人・瀬尾尚隆・吉田ゆかり・伊藤友彦©
発 行 人　　則岡秀卓
発 行 所　　株式会社 **図書文化社**
　　　　　　〒112-0012　東京都文京区大塚1-4-15
　　　　　　電話 03-3943-2511　FAX 03-3943-2519
編 集 協 力　辻由紀子
デ ザ イ ン　中濱健治
組 　 版　　株式会社 Sun Fuerza
印刷製本所　株式会社 Sun Fuerza

構成的グループエンカウンターの本

必読の基本図書

構成的グループエンカウンター事典
國分康孝・國分久子総編集　Ａ５判　**本体6,000円＋税**

構成的グループ
エンカウンター事典

教師のためのエンカウンター入門
片野智治著　Ａ５判　**本体1,000円＋税**

エンカウンターとは何か 教師が学校で生かすために
國分康孝ほか共著　Ｂ６判　**本体1,600円＋税**

エンカウンター スキルアップ ホンネで語る「リーダーブック」
國分康孝ほか編　Ｂ６判　**本体1,800円＋税**

目的に応じたエンカウンターの活用

エンカウンターで
保護者会が変わる
（小・中）

エンカウンターで保護者会が変わる 小学校編・中学校編
國分康孝・國分久子監修　Ｂ５判　**本体 各2,200円＋税**

エンカウンターで不登校対応が変わる
國分康孝・國分久子監修　Ｂ５判　**本体 2,400円＋税**

エンカウンターでいじめ対応が変わる 教育相談と生徒指導の
さらなる充実をめざして
國分康孝・國分久子監修　住本克彦編　Ｂ５判　**本体2,400円＋税**

エンカウンターで学級づくりスタートダッシュ 小学校編・中学校編
諸富祥彦ほか編著　Ｂ５判　**本体 各2,300円＋税**

エンカウンター　こんなときこうする! 小学校編・中学校編
諸富祥彦ほか編著　Ｂ５判　**本体 各2,000円＋税**　ヒントいっぱいの実践記録集

どんな学級にも使えるエンカウンター20選・中学校
國分康孝・國分久子監修　明里康弘著　Ｂ５判　**本体 2,000円＋税**

どの先生もうまくいくエンカウンター20のコツ
國分康孝・國分久子監修　明里康弘著　Ａ５判　**本体1,600円＋税**

10分でできる　なかよしスキルタイム35
國分康孝・國分久子監修　水上和夫著　Ｂ５判　**本体2,200円＋税**

エンカウンターで学級が変わる
（小・中・高）

多彩なエクササイズ集

エンカウンターで学級が変わる 小学校編　中学校編　Part 1〜3
國分康孝監修　全3冊　Ｂ５判　**本体 各2,500円＋税**　Part1のみ **本体 各2,233円＋税**

エンカウンターで学級が変わる 高等学校編
國分康孝監修　Ｂ５判　**本体 2,800円＋税**

エンカウンターで学級が変わる ショートエクササイズ集 Part 1〜2
國分康孝監修　Ｂ５判　Part1:**本体 2,500円＋税**　Part2:**本体 2,300円＋税**

図書文化